Kurt Brandenberger
Marco Camenisch

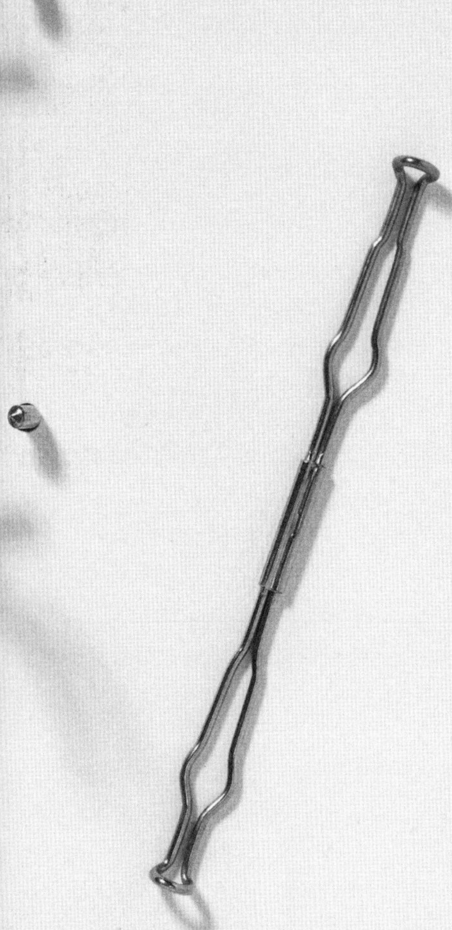

Kurt Brandenberger

# Marco Camenisch

## Lebenslänglich im Widerstand

Echtzeit Verlag

# Inhalt

## Sprengstoff

Der Abend ist ruhig. Kantonspolizist Walter Florin löst bereits das dritte Kreuzworträtsel. Nun packt er das Stück Apfelkuchen aus, das ihm seine Frau zum Spätdienst mitgegeben hat. Es ist kurz nach neun. Seit sechs sitzt er im Büro auf dem Posten. Nur zwei Meldungen sind in dieser Zeit eingegangen: Eine Rentnerin hat ihren Hausschlüssel verloren und kommt nicht mehr in ihre Wohnung. Ein Wirt bittet um Hilfe gegen zwei randalierende Ausländer. Die Kollegen von der Streife bringen die Sache in Ordnung.

Florin spült Tasse und Teller, stellt die Lautstärke des Radios zurück und greift nach der Zeitung fürs nächste Kreuzworträtsel. Hauptstadt Neuseelands. Name des ersten amerikanischen Präsidenten. Bevölkerungsreichstes Land der Erde. Das Telefon klingelt: «Florin, Kantonspolizei Chur». Eine männliche, nur schwach hörbare Stimme ist zu vernehmen: «Hochspannungsmasten bei Balzers gesprengt. Vielen Dank für Gösgen.» Florin sagt «Was?» und «Ich verstehe Sie schlecht, bitte sprechen Sie lauter.» Aber der Mann hat bereits eingehängt. Ein Spinner, denkt Florin. Den Telefonanruf protokolliert er nicht.

Was Wachtmeister Walter Florin an diesem Abend im Herbst 1979 nicht weiss: Auf den Tag genau vor einem Jahr haben 10 000 Menschen in Gösgen gegen die Inbetriebnahme des dortigen Atomkraftwerks demonstriert. Vor einer Woche nun ist das AKW Gösgen ans Netz gegangen, trotz einiger Störmanöver: «Sprengung des Meteomastes bei Gösgen», meldete die Polizei: «Durch die Detonation stürzte der Masten in die Transformatorenanlage und das KKW Gösgen musste abgestellt werden. Die Telefonlinien, über die die Bevölkerung hätte alarmiert werden sollen, sind ausgefallen.»

Der gesprengte Masten in Gösgen steht in einer ganzen Reihe von Anschlägen im Jahr 1979 gegen Einrichtungen und Eigentum der Elektrizitätswirtschaft und deren Exponenten: Im Februar fliegt der Informationspavillon auf dem Baugelände des AKW Kaiseraugst in die Luft. Drei Sprengkörper zerstören ein Materiallager des im Bau befindlichen AKW Leibstadt. Im Mai und Juni gehen die Autos von zehn führenden Vertretern der Schweizer Atomwirtschaft in Flammen auf. Im August lösen Militante bei Lostorf, in der Nähe von Gösgen, einen fingierten Katastrophenalarm aus und beweisen mit der Aktion, dass der Schutzplan für die Bevölkerung nicht funktioniert.

Während Kantonspolizist Florin sich nach dem Telefonanruf wieder seinem Kreuzworträtsel zuwendet, steigen zwei junge Männer bei der Post Zizers eilig in ihren klapprigen VW KÄFER und fahren auf Nebenstrassen durch die Nacht nach Chur, wo sie in der Wohnung eines Freundes absteigen. Sie trinken ein Bier und dann noch eins und noch eins. Und einen Schnaps, vielleicht auch zwei. Und rauchen einen Joint. Das beruhigt und tröstet. Der Abend, der Ausflug ins Unterholz bei Balzers, zum Stahlgittermasten Nr. 124 der Hochspannungsleitung Rheintal-West, ist nicht ganz so verlaufen, wie es sich die beiden erhofft haben.

Zwei Wochen später, es ist der 24. November 1979, ruft ein Jäger bei der Kantonspolizei Chur an. Er berichtet, bei der Pirsch durchs Unterholz im Elltall, auf dem Gemeindegebiet Balzers, sei er an einem Hochspannungsmasten vorbeigekommen, der nur noch auf drei Beinen stehe. Die vierte Stütze sei eingeknickt, sehe arg beschädigt aus. Man müsse da mal vorbeischauen, bevor etwas passiere.

Als Walter Florin die Meldung des Jägers liest, geht ihm ein Licht auf. Das war vielleicht kein Spinner, der Mann am Telefon, vor ein paar Tagen. Der Polizist verfasst eine Meldung für die Medien, die anderntags zwanzig Zeilen kurz unter «Sachbeschädigung an Elektromasten» in der Zeitung steht. Die Zusatzbemerkung «Terroranschlag» hat Florin nicht zu verantworten, das haben die Redaktionen hinzugefügt.

Ein paar Monate später ist der Anschlag von Balzers aufgeklärt. Auszüge aus den Akten der Bündner Strafverfolger: «Als im Herbst 1979 von der Inbetriebnahme des Kernkraftwerkes Gösgen die Rede war, einigten sich Marco Camenisch und René Moser darauf, einen Hochspannungsmasten zu sprengen. (...) Bei der Wahl des Objekts wurde einerseits darauf geachtet, dass bei einer Sprengung keine Personen in Mitleidenschaft gezogen werden. Anderseits stellte man sich vor, dass der Mast beim Sprengen von zwei Sockeln durch den Seilzug umgerissen werde. Marco Camenisch hatte absichtlich ein Objekt der NORDOSTSCHWEIZERISCHEN KRAFTWERKE AG (NOK, heute AXPO) ausgesucht, um ein Unternehmen zu treffen, das nach seinen Worten eng mit dem Bau von Atomkraftwerken und mit den geplanten Rheinverbauungen verstrickt ist. (...) Nachdem das Anschlagobjekt bestimmt worden war, begannen die Vorbereitungen: Im Keller der Wohnung von U. T. an der Calandastrasse 25 in Chur hatten die beiden Angeklagten Rakrohr-Übungsraketen und Zündschnüre mit Sprengkapseln eingelagert, die Marco Camenisch kurz zuvor in Arosa gestohlen hatte. (...) Sie setzten die Schnüre mit Kunststoff-Klebeband zu zwei Schnüren von je rund 630 cm Länge zusammen. Vorher hatten sie bei Versuchen in der Wohnung von U. T. festgestellt, dass die Zündschnüre bei dieser Länge eine Brenndauer von etwa einer Viertelstunde hatten. (...) Hierauf fuhr Marco Camenisch nach Stels/Prodavos, wo er auf dem Gut der Familie K. v. A. eine grössere Menge Sprengstoff der Marke ‹Alpinit Gotthardit 100› vergraben hatte, der aus einem Einbruchdiebstahl stammte, den er, Camenisch, Ende

April 1979 verübt hatte. Diesem Versteck entnahm Marco Camenisch acht Sprengstoffpatronen à 1,5 kg.

Am Abend des 13. November 1979 begaben sich Camenisch und Moser mit dem VW KÄFER, GR 30346, der auf Camenisch immatrikuliert, indessen von Moser auf Abzahlung gekauft worden war, nach Balzers. (...) Den Wagen stellten sie bei einem Steinbruch ab und begaben sich zu Fuss mit den Sprengmaterialien zum vorgesehenen Masten. Gemeinsam brachten sie die Sprengladungen an den zwei talwärtigen Sockeln an, und zwar pro Sockel je vier Sprengstoffpatronen mit zwei beziehungsweise drei Rakrohrgranaten. Die auf den Rundhölzern aufgewickelten Zündschnüre wurden mit dem Sprengstoff verbunden, indem die an den Enden der beiden Zündschnüre angebrachten Sprengkapseln in je eine ‹Sprengstoffwurst› gesteckt wurden. Als die Angeklagten mit dem Anbringen der beiden Sprengladungen fertig waren, zündete jeder eine Zündschnur an (...).

Sie fuhren alsdann Richtung Trübbach an einen Ort, von dem aus der Mast gesehen werden kann. Um 20.30 Uhr oder 20.45 Uhr erfolgte die Detonation. Marco Camenisch und René Moser merkten, dass nur eine Sprengladung losgegangen war und dass der Mast nicht umgestürzt sein konnte. Sie fuhren Richtung Sargans. Unterwegs warfen sie ihre Schuhe aus dem Auto und zogen sich Reserveschuhe an. In der Nähe von Sargans entledigten sie sich zudem der Behälter, in denen die Rak-Rohrgeschosse verpackt gewesen waren. Anschliessend fuhren sie nach Zizers, wo sie bei der Post eine Telefonkabine aufsuchten. Von dort aus telefonierte Camenisch der Kantonspolizei Graubünden. Mit verstellter Stimme sagte er: ‹Hochspannungsmasten bei Balzers gesprengt. Vielen Dank für Gösgen›. Hierauf fuhren die beiden nach Chur, wo sie in der Wohnung von U. T. übernachteten.»

Am Morgen danach sitzen Marco Camenisch und René Moser mit brummendem Schädel beim Morgenkaffee. Sie sagen sich «einmal ist keinmal» und beginnen gleich mit der Planung des nächsten – wie sie es nennen – «Knalldibumm».

Für die beiden jungen Männer ist es höchste Zeit zu handeln. Die NOK schicken sich an, das Wasser des Vorderrheins aus dem natürlichen Flussbett in einen Stollen zu führen. Gleichzeitig will die Elektrizitätsgesellschaft die Bergbäche aus zwei unberührten Tälern mit einer Staumauer aufhalten. Der wilde Rhein als Rinnsal.

Viele Bündner sind besorgt. Die NOK sehen sich mit einer breiten Gegnerschaft aus Naturschützern, Fischern, Jägern, Bergbauern, Wassersportlern und Wanderern konfrontiert. Sie opponieren mit politischen Vorstössen, Informationsveranstaltungen, Zeitungsartikeln und Flugblättern gegen die Projekte. Angeführt wird der Protest von der Pro Rein Anteriur, einem Schutzverband, der vom Zürcher SVP-Nationalrat Erwin Akeret präsidiert wird. Akeret beschuldigt die NOK unlauterer Machenschaften, sei doch das Restwasser im natürlichen Lauf des Hinterrheins, das heisst die nach der Stauung im Bachbett verbliebene Mindestmenge an Wasser, um sechzig Prozent geringer, als der Bevölkerung versprochen worden sei. «Die NOK werden es sich gut überlegen müssen, ob sie bei der Ausführung ihrer Projekte zur Gesetzesbrecherin werden wollen.»

Marco Camenisch glaubt nicht an den gewaltfreien Widerstand gegen die Elektrizitätswirtschaft. Der junge Bündner ist der Meinung, dass «der militante Kampf gegen die Zerstörung der Natur im Namen des Profits» in die Berge getragen werden muss. «*Es gelte*», so schreibt er in einer Mitteilung an Gleichgesinnte, «*den Radius von Brand- und Sprengstoffanschlägen von der Aare, wo Leibstadt, Graben und Gösgen stehen, und von der Rhone, in deren Nähe an den Atommeilern von Lucens, Verbois und Creys-Malville gebaut wird, hinauf an den Lauf des jungen Rhein zu ziehen.»*

Die NOK schreiben zur selben Zeit im Geschäftsbericht: «Die Staumauer Gigenwald der Kraftwerke Sarganserland ist fertig betoniert. Der Aufstau beginnt.» Weiter ist zu lesen: «Alle Anlagen der Kraftwerke Sarganserland sind in Betrieb.» – «Das KKW Gösgen geht in Betrieb. Es ist das erste Schweizer Kernkraftwerk der 1000-Megawatt-Klasse. Die Betriebsfreigabe erfolgt mehrere Monate verzögert. Dies wegen Abklärungen des Bundes und der Abteilung für die Sicherheit von Kernanlagen (ASK) aufgrund des Störfalls Three Mile Island (USA)». – «Nach einem vier Jahre dauernden Beschwerdeverfahren bestätigt der Bundesrat die Baubewilligung für das KKW Leibstadt. Die Bauarbeiten gehen planmässig voran.»

Auch Marco Camenisch und René Moser kommen bei ihrem Vorhaben planmässig voran. Am späten Abend des 21. Dezember 1979 steigen sie über den zwei Meter hohen Drahtzaun der Kraftwerkzentrale Sarelli, um das Areal und die Anlagen in Augenschein zu nehmen, insbesondere die Transformatoren und den 32 Meter hohen Beton-Richtstrahlmasten zu inspizieren. Die Kraftwerkzentrale gehört der NOK und liegt zwischen der Kantonsstrasse Mastrils-Bad Ragaz und dem Rhein. Das besichtigte Objekt scheint den beiden geeignet für den nächsten Anschlag. Oder, wie René Moser sagt, für *«e rechta Chlapf»*.

Die an verschiedenen Orten versteckten Sprengmaterialien werden eingesammelt und in einen Rucksack verpackt. Fehlt noch Elektrodraht. Den holen sie einen Tag später im Kaufhaus VILAN in Chur. Dann fahren sie zu einem Waldstück zwischen Landquart und Maienfeld, wo sie Zündversuche durchführen, um anschliessend den Rucksack und zwei Pakete mit acht Sprengstoffwürsten im Unterholz zu verstecken. Die Nacht verbringen sie wiederum in der Wohnung von U. T.

Am Mittag des nächsten Tages, es ist der 24. Dezember, sitzen sie im Restaurant «Heidihof» in Maienfeld, kehren am Abend noch kurz im Liechtensteinischen ein, bevor sie nach Chur fahren. Dort steigen sie in das Kellergewölbe des alten Restaurants «Cava Grischa» hinunter, wo die Randständigen und politisch Aufmüpfigen der Stadt Weihnachten feiern. Der Bündner Troubadour Walter Lietha spielt Gitarre und singt von Freiheit und Widerstand. In einer Liedstrophe heisst es: *«Mini Fründ und i kämpfen für Zit vo der grosse Befreiig!»*

Kurz vor Mitternacht sagen Camenisch und Moser *«ciao, buna notg!»*, sie müssten nun weiter. Als einer fragt, wohin denn, zu solch später Stunde, an Weihnachten, antwortet René: «Wir machen jetzt das, was Walti den ganzen Abend besungen hat.»

## Romantik und Widerstand

Marco Camenisch ist 20 Jahre alt, als sich am 12. Mai 1972 in Kaiseraugst erstmals einige hundert Menschen zu einer Kundgebung gegen den Bau von Atomkraftwerken treffen und eine Petition mit 16 000 Unterschriften einreichen. Obwohl mit Beznau I und II bereits zwei Atommeiler in Betrieb sind und 1969 aus dem Reaktor Lucens im Waadtland Radioaktivität entwichen ist, wird der Widerstand erst mit der Gründung der Gewaltfreien Aktion Kaiseraugst GAK und der Besetzung des Baugeländes zu einer Massenbewegung.

Im März 1972 verlässt Marco Camenisch das Gymnasium der Evangelischen Mittelschule Schiers vorzeitig. Er steht ein Jahr vor der Matura und ist einer der Klassenbesten, mit Noten zwischen 5 und 6. Bei «Ordnung», «Pflichterfüllung», «Betragen» ist im Schulzeugnis «gut» vermerkt. Paul Dürr, ein Lehrer von damals, erinnert sich: «Er war ein ausgezeichneter Schüler. Beliebt bei allen, hilfsbereit, reifer als Gleichaltrige. Viele haben ihn bewundert, weil er unerschrocken war, sich gewehrt hat. Aber im Innern hat es Marco fast zerrissen. Er hat gelitten an der Welt, an der Zerstörung der Umwelt, an den Bauten und Ausbauplänen der Energiewirtschaft. Er wollte was tun *‹gegen den Wahnsinn der hochtechnisierten, zerstörerischen Kräfte›*, wie er sich schon damals ausdrückte. Das hat ihn gequält.»

Vierzig Jahre später sitze ich Marco Camenisch gegenüber. Es ist Mai 2012. Camenisch ist 60 Jahre alt. Mehr als die Hälfte seines Lebens hat er im Gefängnis und auf der Flucht verbracht. Ich treffe ihn im Besuchsraum der Strafanstalt Lenzburg. Es ist das erste von über zwanzig mehrstündigen Gesprächen, das wir in den nächsten zweieinhalb Jahren führen werden.

Mein Weg zu ihm, in den engen, vergitterten Raum, wird bald zur Routine: Zutritt durch die gepanzerte Eingangspforte. Abgabe des Besuchsscheins und der ID. Vorraum. Einschluss von Mappe, Laptop, Natel, Büchern, Zeitung, Sackmesser, Portemonnaie. Dann Jacke. Gurt, Schuhe und Uhr in die Röntgenbox. Leibesvisitation unter dem Metalldetektor. Zwei Schritte vorwärts für die elektronische Gesichtsidentifikation. Einlass durch eine gepanzerte Drehtür in den Besuchsraum. Ein freundlicher, hinter Überwachungskameras sitzender Vollzugsbeamter entriegelt die Seitentür. Der Häftling tritt in den Besuchsraum. In der Ecke steht ein Getränke- und Snackautomat, daneben ein hölzernes Schaukelpferd und ein paar Spielsachen für die Kinder von Besuchern. Tische und Stühle sind aus strapazierfähigem Kunststoff. An den Wänden hängen grosse Farbfotos von wunderschönen Landschaften.

Marco Camenisch trägt eine weite, graue Anstaltshose und ein weisses T-Shirt. Das lange, angegraute Haar hat er zu einem Zopf zusammengebunden. Er wirkt vital. Die vielen Jahre hinter Gittern sind ihm auch im Gespräch nicht anzumerken. Er ist konzentriert, erzählt flüssig, formuliert oft druckreif: «*Den Entscheid, von der Schule zu gehen und Arbeiter zu werden, habe ich exakt an meinem 20. Geburtstag gefällt. Für einen wie mich galt gegen Ende des Gymnasiums die Formel: Matura-Studium-Elitebildung-Machtträger in Staat und Wirtschaft – also genau das, was ich nicht wollte. Meine Analyse war damals sicher nicht ausgereift und der Abbruch der Mittelschule wahrscheinlich stark aus dem Bauch heraus getroffen, aus einem Gefühl der Antiautorität und des Anarchismus, aber wie gesagt, nicht wirklich reflektiert. Ich habe gespürt, wie stark Karrieren von Konkurrenzdenken gesteuert sind. Das ging mir gegen den Strich. Ich wollte mich nicht mit andern messen, nicht besser sein als andere. Dieses System habe ich schon damals abgelehnt, weil es zerstörerisch ist, Umwelt wie Menschen verachtend. Konsequenterweise musste ich mir überlegen: Will ich nach der Matura an die Uni, Teil der Elite werden, Macht ausüben? Nein, sagte ich, denn dies würde mich zum Komplizen machen, zum Komplizen von Verhältnissen und Machtstrukturen, die ich nicht nur ablehne, sondern bekämpfen will. Was also tun? Arbeiten, das reale Leben kennenlernen, solidarisch sein mit Proleten, im Wissen, dass ich selber auch Prolet bin, ein Mensch mit proletarisch-, kleinbäuerlichen Wurzeln und Veranlagungen.*

*Diesem Entscheid ist selbstverständlich ein langer Bewusstseinsprozess vorausgegangen. Ich gehörte ja der ‹Nach-68er-Generation an›, mit vielen Diskussionen über den Zustand der Welt und mit einer kritischen Haltung allen Autoritäten und Hierarchien gegenüber. Aber hier, im Hinterland, in den Bergen, am Rand der Schweiz, wo es keine Globuskrawalle gab, keinen Kampf für ein Autonomes Jugendzentrum, keine Leninisten, die vor Fabriktoren Flugblätter verteilten, und keine öffentlichen Diskussionen an der Uni über die Theorien von Marx, Lenin, Mao, Adorno, Marcuse, Horkheimer etc., hier im ländlichen Bündnerland stösst du bereits auf fundamentalen Widerstand, wenn du lange Haare trägst, wenn du mal kiffst, du in einer WG wohnst. Du wirst in diesem kleinräumigen Umfeld rasch angefeindet, angezeigt und verfolgt, wie ein Mädchen, das oben ohne am See an der Sonne liegt.*

*Allerdings gehörte das zum Groove dieser Jahre, wie die Rolling Stones, der Blues, der Jazz. Wir gefielen uns als Boheme, waren renitent, traten freakig auf und freuten uns über die ersten Joints. Damals kriegte man für ganz wenig Geld noch richtig gutes Gras. Aber wir waren keine Rumhänger und Gewohnheitskiffer, sondern sind viel zusammen klettern gegangen, haben über Hesse, Büchner, Tucholsky, Kerouac, Jenatsch diskutiert, waren viel draussen, auf den Bergen und in den Wäldern um Schiers. Haben am Crestasee gezeltet, sassen am Feuer, haben Maiskolben geröstet, gesungen, getanzt. Mit meinem engsten Freund, Pauli, habe ich im Internat ein Jahr lang das Zimmer geteilt. Wir haben viel Pink Floyd und Canned Heat gehört oder über die Spiritualität von Hesse diskutiert vor dem Einschlafen. Pauli hat mit andern Schulkollegen in einer Band gespielt. Am Wochenende manchmal bei der Seealphütte, wo wir in der Wand biwakiert haben.*

*Es war eine friedliche Zeit. Wir waren Romantiker. Klassenkampf, Revolution waren keine Themen. Das folgte später. Zuerst kam der Blick auf die Schweiz und ihre Rolle in der Welt. Dazu habe ich viel gelernt aus den Schriften der entwicklungspolitischen Organisation ‹Erklärung von Bern›, beispielsweise zu den Waffenausfuhren von* OERLIKON-BÜHRLE, *zu den Grossbanken im Apartheidregime Südafrikas. Auch die Fichenaffäre, die Verfolgung der Fahrenden in der Schweiz, der Vietnamkrieg. Oder der Bericht des ‹Club of Rome›, der den weltweiten ökologischen Raubbau aufgezeigt hat. Aus diesen Erkenntnissen und aus dem Gefühl ‹Mensch! Da läuft so vieles schief› wirst du gezwungen, nachzudenken, wie die Welt funktioniert. Dann schaust du, was andere tun, die Erklärung von Bern, die Gewerkschaften, die Naturschutzverbände, die Sozialdemokraten, die Partei der Arbeit, und fragst: Teile ich ihre Politik, kann ich mich einbringen in deren Kampf? Was nützt deren Einsatz, was bringt's? Und schon folgt die nächste Frage: Lässt sich dieses zerstörerische System reformieren? Wenn es fünf vor zwölf ist, gutmeinende Worte nichts fruchten, wenn Kritik, wissenschaftliche Erkenntnisse, politische Appelle keine Konsequenzen haben, muss ich – ich ganz persönlich – nicht mehr tun?*

*Irgendwann war ich mit dem ‹kategorischen Imperativ› konfrontiert. Anders ausgedrückt: Du kannst nicht anders als gegen diese menschen- und umweltverachtenden Herrschaften kämpfen. Du darfst nicht tatenlos zusehen. Widerstand ist Pflicht. Doch wie muss dieser Widerstand sein? Was bringen die gewaltfreien Demonstrationen gegen* AKWS, *gegen die Projekte der* NOK *am Hinterrhein und im Sarganserland? Wenn du, wie ich, ein Ragazzo di paese delle montagne, in einer alpinen, kleinbäuerlichen Umgebung aufgewachsen bist, hast du ein ganz praktisches, handfestes Verhältnis zur Natur, gegen die*

*Einschränkung deines Lebensraumes durch die Technik. Du setzt dich wie ein Bergbauer zur Wehr und leistet praktischen Widerstand. Nicht mit Flugblättern, nicht mit Petitionen und Demonstrationen, sondern notfalls mit der Waffe in der Hand. Du hast dabei auch Vorbilder eines solchen Kampfes im Kopf, beispielsweise die Indigenen im Amazonasbecken oder die Landlosen Lateinamerikas.»*

Während Marco Camenisch und René Moser zu später Stunde an Heiligabend die «Cava Grischa» verlassen und durch die engen verwinkelten Gassen der Altstadt zu ihrem Auto gehen, rufen die Glocken der Kathedrale St. Maria zur Mitternachtsmesse. Der Bischof von Chur persönlich wird den Gläubigen die Weihnachtsbotschaft Christi verkünden.

Im Areal des Kraftwerks Sarelli beginnen die beiden jungen Männer kurz nach Mitternacht mit Installationsarbeiten. An Masten und Transformatoren wird Sprengstoff angebracht, mit Winkeleisen beschwert, durch Drähte verbunden und an Kabelleitungen angeschlossen, die in die Zündmaschine gesteckt werden. Um 4 Uhr in der Früh, als alles schläft und Camenisch einsam wacht, dass kein Mensch des Weges kommt, zieht Moser die Zündmaschine auf und zündet.

Die Folgen des Anschlags sind im Bericht der Untersuchungsbehörden wie folgt festgehalten: «Durch die Explosion wurde der Beton-Richtstrahlmast stark beschädigt, (...) wie auch die beiden Transformatoren. An den Anlagen entstand durch die Detonationswucht und durch herumfliegende Trümmer weiterer Sachschaden. Die Werkstromversorgung fiel vollständig aus (...). Die Stromzufuhr zum Dorf Vättis und zur Wohnsiedlung Wart in Pfäfers wurde gänzlich unterbrochen. Von den 36 000 Litern Öl, die in den drei Transformatoren lagerten, lief ein Teil über die Auffangwannen ins Freie auf den Asphaltbelag und den Rasen. Es kam zu einem Brand (...). Rund 7000 Liter Öl flossen in den Rhein. Der gesamte Sachschaden an den Anlagen wird auf 1,4 Millionen Franken geschätzt.»

Der Direktionspräsident der NOK, Franz Josef Harder, bezeichnete den Anschlag als «klassischen Terrorakt», der sehr «unschweizerisch» sei und dessen Urheber bei den Gegnern der neuen Wasserkraftwerke im Bündner Oberland gesucht werden müssten. SVP-Nationalrat Erwin Akeret, Wortführer dieser Opponenten, bezeichnete NOK-Chef Harder darauf als «komplett verrückt». Man müsse sich fragen, ob hier nicht vielleicht Provokateure der NOK selber am Werk gewesen seien. Er, Akeret, möchte dies jedenfalls nicht ausschliessen.

Die Stimmung in der Bevölkerung Graubündens über den Anschlag schwankt zwischen bürgerlichem Entsetzen und Solidarität von links. «Das ist die längst fällige Quittung für die Machtpolitik der Energiebosse aus dem Unterland, die ihre Profitinteressen gegen die Natur und die Bevölkerung unseres Bergkantons rücksichtlos durchsetzen», schreibt die Alternativzeitung VIVA. Der Radiokorrespondent des BÜNDNER REGIONALJOURNALS leitet seinen Bericht mit den Worten ein: «Jetzt hat der Terrorismus auch unseren Kanton erreicht.» Hanspeter Lebrument, Chefredaktor der BÜNDNER ZEITUNG, bedauert in einem Kommentar, dass das Volk der Schweizer ein Jahr zuvor die Einführung der BUSIPO, der Bundessicherheitspolizei, abgelehnt hat. «Unser Staat hat die Mittel nicht, sich entscheidend gegen diese Form der Gefährdung zur Wehr zu setzen.»

In der übrigen Schweiz wird der Sarelli-Anschlag kaum zur Kenntnis genommen, die Medien begnügen sich mit einer kurzen Meldung.

## Marx Karl, Groucho, Chico, Harpo

Der Widerstand gegen den Bau von Atomkraftwerken wird zu einer Volksbewegung. Ende der 70er-Jahre lassen sich drei Lager ausmachen:

Zahlenmässig am stärksten sind die Gewaltfreien, unter ihnen auch Gemeinde- und Regierungsräte bürgerlicher Parteien, vor allem in der Nordwestschweiz rund um Kaiseraugst, wo die Atomkraft grossmehrheitlich abgelehnt wird. Zu diesem Flügel zählen auch Wissenschaftler, viele Biologen, Physiker, Mediziner. Sie warnen vor den Gefahren der Atomtechnologie und halten nichts von der «glorreichen Zeit menschlichen Fortschritts und Wohlstandes im Zeichen der Kernenergie», wie der SULZER-Konzern 1962 schreibt.

Der zweite Anti-AKW-Flügel, ebenfalls mit einem grossen Mobilisierungspotenzial, sind die Linken, die den Widerstand gegen Atomkraftwerke als Teil des Kampfes gegen Kapitalismus und die Verfilzung von Staat und Wirtschaft verstehen. Denn neben zahlreichen Industriefirmen wie SULZER, BROWN BOVERI und ESCHER-WYSS wollen Versicherungskonzerne, die kreditgewährenden Grossbanken und viele andere am AKW-Geschäft mitverdienen.

In dieser kapitalismuskritischen AKW-Gegnerschaft findet bald eine «Institutionalisierung» statt, vor allem die neue Partei POCH, Progressive Organisationen Schweiz, bläst zum Marsch durch die Institutionen.

Diesem Flügel gehören viele 68er an. Auf ihrem Weg zum Sozialismus und einer atomkraftfreien Schweiz sehen sie sich indessen bald mit der Frage konfrontiert: Barrikaden oder Karriere? Einige versuchen beides. Viele andere flüchten in Landkommunen, Bürgerinitiativen, esoterische Zirkel, Frauenpowergruppen.

Etliche 68er treten rasch aus dem Schlagschatten ihrer linken Vergangenheit und klettern auf der Karriereleiter nach oben, wo sie es in bürgerlichen Berufen und Ämtern bald zu Einfluss und Ansehen bringen. Zum Beispiel Thomas Held oder Filippo Leutenegger. Die beiden standen einst zuoberst auf den Barrikaden und skandierten kühne Revolutionsparolen. Heute sind sie feste Stützen der bürgerlichen Gesellschaft. Held war bis vor kurzem Direktor des rechtsliberalen Thinktank AVENIR SUISSE. Leutenegger ist FDP-Stadtrat von Zürich und steht dem Tiefbau- und Entsorgungsamt vor.

Die dritte und kleinste Anti-AKW-Gruppe schliesslich lehnt sowohl den «gewaltlosen» wie den «reformistischen» Widerstand ab und kämpft mit militanten Mitteln. Dabei wählen sie eine «Taktik der Doppelschläge»: Sabotageaktionen gegen Eisenbahnlinien (gegen den Transport von Atommüll und Brennstäben) wiederholen sich in Intervallen von ein paar Tagen. Die Anschläge auf Kaiseraugst und Leibstadt geschehen im Zeitraum einer Woche. Neun Privatautos von Exponenten der Atomindustrie brennen gleichzeitig, eine Woche zuvor ist das Fahrzeug des Energieindustriellen und Kernenergieexperten des Bundesrates, Michael Kohn, in Flammen aufgegangen. Auch die Meteo-Masten von Gösgen und Graben fallen kurz hintereinander.

Bekennerschreiben zu den Anschlägen gibt es nicht. Die Täter sind unbekannt, die Behörden tappen im Dunkeln.

Eine Gruppe, die sich Do-it-yourself nennt, bekennt sich im Juni 1979 in der linksalternativen Zeitschrift FOCUS zum Anschlag in Gösgen. Und in der vom Zürcher Buchhändler und Kommunisten Theo Pinkus im LIMMAT VERLAG herausgegebenen Wochenpublikation ZEITDIENST hat die Gruppe in einem langen, heftfüllenden Interview Einblick gewährt in das Denken, die Organisation und die Aktionen ihrer

Bewegung. Das Gespräch ist das einzige Zeugnis des militanten Flügels der Anti-AKW-Bewegung. Es gibt auch den Geist der radikalen Jugendszene wieder, einer Szene, die wenige Monate nach diesem Interview mit dem Kampf für ein AJZ, ein Autonomes Jugendzentrum, und mit dem Krawall vor dem Zürcher Opernhaus als «Zürcher Bewegung» ihren Anfang nimmt. Es ist die Bewegung, die mit politischen und kulturellen Spontanaktionen und Slogans wie «*Züri brännt*» und «Freie Sicht aufs Mittelmeer» oder mit Pamphleten in den Strassenzeitungen STILLET, EISBRECHER und BRECHEISEN Zürichs Bürgern und Behörden einen heissen Sommer bescheren und bald auch andere Schweizer Städte erfassen wird.

Die fünf zum Interview erschienenen Aktivisten wollten zu ihrem Schutz anonym bleiben. Ihre Namen wurden durch Buchstaben ersetzt. Nachstehend einige Auszüge aus dem zweistündigen Gespräch:

**Ihr nennt euch Do-it-yourself-Gruppe 007. Was ist das für eine Gruppe?**

A — Wir möchten zuerst klarmachen, dass wir verschiedene, selbstverantwortliche Aktionsgruppen repräsentieren. Der Name Do-it-yourself tauchte erstmals im Juli 1978 auf, als in Genf ein für das AKW Leibstadt bestimmter Transformator auf dem Werkareal der Firma SECHERON beschädigt wurde. In der Folge wurde Do-it-yourself von verschiedenen Leuten weiterverwendet, weil es gegen die zunehmende Institutionalisierung der Anti-AKW-Bewegung das direkte Eingreifen Einzelner und von Gruppen betont.

**Haben diese Gruppen eine politische Richtung?**

B — Ja, wir träumen wie viele andere von einer Welt, die nicht auf Arbeit und Unterdrückung basiert, sondern auf unseren Wünschen und Bedürfnissen. Wo man nicht lebt, um zu ar-

beiten, sondern wo man so wenig wie möglich arbeitet, um so viel wie möglich vom Leben zu haben. Ob das mit Politik erreichbar ist, bezweifeln wir.
A — Wenn es die Möglichkeit gäbe, bei einem guten Schluck Wein mit längst verstorbenen Menschen zusammenzusitzen, würde unsere Wahl vermutlich auf die Marx Brothers fallen: Karl, aber mehr noch auf Groucho, Chico, Harpo.

**Sind es politisch homogene Gruppen oder sind sie sich nur in der Frage einig, dass Gewalt in der AKW-Bekämpfung notwendig ist?**

D — Wir haben nicht nur zum Atomstaat gemeinsame Ideen und Vorstellungen, sondern auch über Familie, Kinder, Schule, Schwule, Musik, Olympische Spiele und was sonst noch so alles die Welt bewegt.

**Die Anti-AKW-Bewegung war mal eine gewaltfreie Aktion …**

C — … halt, das stimmt nicht. Die AKW-Gegner-Bewegung begann mit «Gewalt», wie Sie es nennen, mit «direkter Aktion», wie wir sagen. Direkte Aktionen sind seit Beginn des Widerstandes ein Hauptmerkmal der Bewegung. Sie zeigen sich in Strassenblockaden, Baustellenbesetzungen oder durch Sabotage an Installationen.
B — Die starke Anti-AKW-Bewegung in den USA begann mit dem Sabotageakt von Sam Lovejoy. Dieser Mann hat im Dezember 1973 im amerikanischen Montana einen Meteoturm gesprengt, um sich gegen ein geplantes AKW zu wehren. Er stellte sich der Polizei, kam vor Gericht und wurde freigesprochen. Das Atomkraftwerk wurde nie gebaut. Darüber gibt es einen Film, der auch in der Schweiz gezeigt wurde: *Lovejoys nuclear war.*
A — Am Anfang der Massenproteste gegen AKWs in der Schweiz stand die «gewaltsame» Besetzung des Baugeländes von Kaiseraugst. Erst als politische Organisationen die Bewegung

zu kontrollieren versuchten, wurde sie – sogenannt – gewaltfrei, das heisst beschränkte man sich fast ausschliesslich auf symbolische Aktionen wie Demonstrationen, Petitionen, Initiativen. Durch diese Politisierung der Bewegung ist sie so stark gelähmt worden, dass sie heute fast wieder am Anfang steht.

**Es gibt demokratische Mittel, sich gegen AKW zu wehren.**

E — Fragen Sie mal die vielen tausend Leute, die bis heute Einsprachen gemacht und Beschwerden eingereicht haben. Sie können Ihnen eine ganze Zeitung voll haarsträubender Geschichten erzählen.

B — Die eigentliche Anti-AKW-Bewegung begann ja gerade erst, als weite Kreise der Bevölkerung erfahren hatten, dass legale Mittel von der Atomlobby nicht respektiert werden. Die Bewegung war mit den Besetzungen und Blockaden von Anfang an in der Illegalität, sonst wäre es ja nicht zu den Polizeieinsätzen gekommen.

**Haben Sie es mal mit der «sanften Illegalität» wie Demos und Besetzungen versucht?**

A — Ja, wir waren in Kaiseraugst dabei, in Gösgen, Malville, Brokdorf, Grohnde. Wir haben uns auch an den Pfingstmärschen gegen die atomare Aufrüstung beteiligt, haben Unterschriften gesammelt, Flugblätter verteilt – und werden das weiterhin tun. Aber wir haben festgestellt, dass dies nicht genügt, dass wir an Grenzen stossen, dass der Atomstaat in europäischem Ausmass nie mehr eine Geländebesetzung zulassen wird. Und dass er auch nicht davor zurückschreckt, mit Waffengewalt gegen seine friedlich demonstrierenden Bürger vorzugehen, wie beispielsweise bei der Demonstration vor zwei Jahren gegen den Atommeiler Superphénix in Creys-Malville, einen sogenannten Schnellen Brüter, im schweizerisch-französischen Grenzgebiet bei Genf, wo Frankreichs Anti-

Terror-Brigade CRS Tränengas, Wasser- und Granatwerfer eingesetzt hat, um das Gelände zu räumen. Dabei ist ein Demonstrant, der Lehrer Vital Michalon, von einer Polizeigranate getötet worden.

**Im *Handbuch für Gemeinschaftsaktionen,* das Sie herausgegeben haben, schreiben Sie, seit 1978 sei es nicht mehr gelungen, «Forderungen zu stellen». Wollen Sie mit Ihren Anschlägen darüber hinwegtäuschen, dass der Widerstand gegen AKW erlahmt ist, dass die Bewegung zerfällt?**

B — Es wäre naiv, heute jemanden täuschen zu wollen. Unsere Aktionen sind das, was sie sind: praktische Störungen der Pläne der Atom- und Energielobby.

E — Nein, mit unseren Aktionen wollen wir der Bewegung die Sabotage als neue Kampfform vorschlagen, als weiteres Instrument des Widerstandes neben all den bisher eingesetzten.

**Ihre radikale Bewegung wird mit vielen Etiketten versehen: Desperados, Terroristen, Anarchisten. Wie sehen Sie sich?**

B — Wir sehen uns nicht, wahrscheinlich sind wir niemand … (Gelächter) …

C — Wir sind Saboteure. Leute, die gewohnt sind, die Probleme an der Wurzel zu fassen, Verteidiger öffentlicher Interessen, brave Kinder, die sich nicht begnügen wollen, alt zu werden, indem sie ihre Utopien für 4000 Franken im Monat verkaufen. Wie Sie uns sehen wollen, ist Ihre Sache. Uns gefallen Etiketten nicht.

D — Wenn Desperado heisst, dass die Atomlobby sich nicht ändern wird, dann sind wir Desperados. Wenn Anarchist heisst, daran zu glauben, dass es auch ohne Staatsapparat geht, dann sind wir Anarchisten. Und wenn Terrorist heisst, daran zu glauben, dass es töricht wäre, die Atomlobby mit offenem Visier anzugreifen, dann sind wir Terroristen.

**Die gewaltfreie Anti-AKW-Bewegung sagt, Sabotage und Sprengstoffanschläge würden dem Widerstand schaden und die Atomlobby stärken.**

B — Die Atomschutz-Initiative ist abgelehnt worden, obwohl alle andern Anti-AKW-Gruppen, inklusive linke Parteien, enorm viel in den Abstimmungskampf investiert haben. Vor der Abstimmung war lange Zeit Ruhe. Wir haben uns mit Aktionen zurückgehalten. Das Volksbegehren wurde trotzdem abgelehnt. Hingegen wurde die Initiative im Kanton Zürich (Volksrechte beim Bau von Atomanlagen) trotz vieler Anschläge angenommen.

**Sie propagieren in Ihrem *Handbuch* kleine subversive Aktionen, durchgeführt mit Plausch an der Sache. Wie viel ist Plausch, wie viel Politik?**

B — Es macht uns offen gesagt Spass, der Atomlobby übel mitzuspielen. Wir betrachten unsere Aktionen daher auch nicht als politischen Tauschhandel, nach dem Schema: Wir nehmen das Risiko auf uns und leiten daraus einen Führungs- oder Avantgardeanspruch ab. Nein, wir tun es für uns. Wenn etwas keinen Spass macht, dann besteht auch keine Möglichkeit, dass es massenhaft wird. Die Zeit politischer Askesen ist vorbei.

**Bis jetzt gab es nur Sachschaden. Fürchten Sie nicht, dass es Tote und Verletzte geben könnte?**

E — Wir sind tausendmal verantwortungsbewusster als die Atomlobby mit ihrem kalkulierten Unfallrisiko.

A — Wir haben stets alle Vorkehrungen getroffen, damit nichts geschieht, was man bezüglich des Polizeieinsatzes in Gösgen nicht behaupten kann. Dort sind die tränengasblinden Demonstranten von der Polizei auf die Geleise der SBB getrieben worden, kurz bevor ein Schnellzug vorbeiraste.

**Woher haben Sie eigentlich den Sprengstoff für die Anschläge?**

D — Von alt Bundesrat Roger Bovin, der bei der Baustelle am Furka plötzlich zu viel Material hatte, weil sie beim Tunnelbohren so langsam vorwärtsgekommen sind ... (Gelächter).

**Bei Leibstadt war der Bauplatz von zwei Zäunen gesichert, einer elektrisch geladen. Es hatte auch Wächter mit Hunden. Wie sind Sie trotzdem reingekommen?**

E — In einer olympiawürdigen Leistung haben wir unsere Dinger über den Zaun geworfen und sind nachgestiegen.

**War es eigentlich nur eine Scherzmeldung, die besagte, dass Sie zur Ablenkung der Wachhunde eine läufige Hündin mitgenommen haben? Und überhaupt, können Sie uns Beweise liefern, dass wir hier mit den echten Saboteuren sprechen?**

A — O. K. Wir geben Ihnen drei Hinweise, und sofern die Polizei sauber gearbeitet hat, kann sie diese bestätigen. 1. In Kaiseraugst wurden zwei verschiedene Sorten Sprengstoff eingesetzt. 2. Beim Brandanschlag auf Michael Kohns Wagen in Zürich, der in einer Tiefgarage abgestellt war, wurde auf der rechten Seite, der Beifahrerseite, die vordere Scheibe eingeschlagen und das Benzin hineingeschüttet. 3. In Gösgen wurde zur Ablenkung der Wachhunde ein spezielles, in Drogerien erhältliches Pulver verstreut. Es heisst STYK-Hundeschreck und hat auf die Nasenschleimhaut von Hunden eine abstossende Wirkung.

**Die Polizei sprach von der Tat von Profis. Sind Sie das?**

B — Einige von uns haben im Militär als Soldaten mit Sprengstoff und Ähnlichem hantiert. Zudem gibt es viel Literatur darüber. Ich denke da beispielsweise an das Sabotagehandbuch von Major von Dach (Offizier des Schweizer Inlandgeheimdienstes).

**Womit rechnen Sie, wenn Sie bei einem Anschlag erwischt werden?**

C — Wenn die Justiz uns einen Prozess macht wie bei Herrn Bührle, werden wir mit drei Tagen bedingt davonkommen. (Der Industrielle Dieter Bührle war VR-Präsident der WERKZEUGMASCHINENFABRIK OERLIKON und wurde wegen illegaler Waffenausfuhr in kriegsführende Länder zu einer bedingten Gefängnisstrafe von acht Monaten verurteilt. *Anmerkung Autor*)

Wir sind ja aber nicht Bührle und müssen mit 15 Jahren Isolationshaft rechnen. Deshalb geniessen wir jetzt noch intensiv das Leben.

**Sind das Leute von euch, die kürzlich im Bündnerland Anlagen der NOK in die Luft gesprengt haben?**

D — Nein, leider nicht. Wir würden sie gerne kennenlernen.

**Plant Ihr weitere Sprengstoffanschläge?**

B — Wir stehen nicht unter Leistungsdruck. Es gibt noch viele andere schöne und lustvolle Sachen, die wir in unserem Leben machen möchten.

**Den Do-it-yourself-Aktivisten ist es gelungen, anonym zu bleiben. Die Täter der zahlreichen Anschläge auf AKW-Einrichtungen in Gösgen, Kaiseraugst und Leibstadt und auf die Exponenten der Atom- und Elektroindustrie konnten nie ausfindig gemacht werden.**

# Elefantenzähne

25. Dezember 1979, Weihnachten. «Nach der Explosion im Kraftwerk Sarelli, die genau um 4.36 Uhr erfolgte», wie die Kantonspolizei Graubünden festhält, «nahm Moser die Zündmaschine, zog beim Wegspringen den Stecker des Kabels aus und reichte die Maschine Marco Camenisch über den Drahtgitterzaun.»

Die beiden jungen Männer eilen dann auf der Werkzufahrt zu ihrem vw und fahren über Mastrils und Maienfeld nach Jenins. Von dort haben sie freie Sicht auf das lodernde Kraftwerk in diesen frühen Morgenstunden an Weihnachten 1979. «Das Feuer war schön anzusehen, der Anschlag hat Spass gemacht», erinnert sich René Moser. Anschliessend fährt er mit Marco Camenisch über Igis nach Zizers, wo sie auf einem Parkplatz im Auto schlafen. An der Hauptstrasse zwischen Davos und Klosters verstecken sie unter einem Baum den zum Anschlag mitgenommen Rucksack mit Zündmaschine, einer Stange Sprengstoff «Gelatine C» und Elektrozünder.

Die Feuerwehr ist noch mit dem Löschen des Brandes und die Kantonspolizei mit der Spurensicherung beschäftigt, als ein Detachement der Bundespolizei an den Tatort einrückt. Laut Gesetz ist sie bei Sprengstoffanschlägen für die Ermittlungen zuständig. Noch am selben Tag führen die Bundespolizisten in Chur erste Hausdurchsuchungen, Verhaftungen und Verhöre durch. Ohne Erfolg: Die Verdächtigten haben allesamt ein glaubwürdiges Alibi. Für wertvolle Hinweise auf die Identität der Sprengstoffattentäter wird eine Belohnung von 10 000 Franken ausgesetzt.

Marco Camenisch und René Moser sind in den nächsten Tagen viel unterwegs, zu zweit oder jeder für sich. Sie finden mal Unterschlupf bei Sympathisanten im Unterland, mal bei

Freunden im Prättigau, im Schanfigg und in der Surselva. Zwischendurch halten sie sich auch in Chur auf. Am 3. Januar, zehn Tage nach dem Anschlag, werden sie auf dem «Arcasplatz» mitten in Chur gesehen, wo Walter Lietha mit Musikern und Chören für sein Singspiel *Suppenstein* probt. Es ist ein Stück, das aufzeigen soll, wie nach der Apokalypse die Menschen ohne Banken und Geldwirtschaft weiterleben. «Ein Gegenentwurf zum bestehenden globalisierten Kapitalismus», wie Lietha sagt: «Dezentralisierte, kleine, autonome, soziale Organismen ohne nationalen Kontext. Herrschaftsfreiheit.»

Bei den Vorbereitungen zum Sprengstoffanschlag haben Camenisch und Moser ein halbes Dutzend Helfer, unter anderen Röbi Hilfiker. Der 24-jährige Kleinkriminelle leistet wertvolle Dienste bei der Beschaffung von Geld. Sein Ding sind Einbrüche und Diebstähle. So entwendet er mit Marco Camenisch im Sommer 1979 aus einer mit Jagdtrophäen vollgestopften Jagdhütte in Berg (SG) vier Elefantenzähne, jeder einzelne 26 Kilogramm schwer und mindestens 80 000 Franken wert.

Das Diebesduo vereinbart, einen allfälligen Verkaufserlös zu teilen. Allerdings ist Hilfiker ein wankelmütiger Genosse, wie Camenisch bald erfahren muss. Im Herbst, das Vieh ist zurück im Tal, gelingt es Hilfiker, einen der vier geklauten Elefantenzähne loszuwerden, leider nur für bescheidene 3000 Franken, aber immerhin, etwas cash konnte er gut gebrauchen. Camenisch hört vom Verkauf der exotischen Jagdtrophäe. Geld aus dem gemeinsamen Diebstahl aber sieht er nicht. Der versprochene Anteil bleibt aus. Der Kumpel hat sich verflüchtigt, ohne eine Adresse zu hinterlassen.

Der Bundespolizei sind die Sprengstoffattentäter am 6. Januar, zwölf Tage nach dem Anschlag, bekannt. Das Kopfgeld von 10 000 Franken hat den Zweck erfüllt. Die Polizei bereitet den Zugriff vor. Camenisch und Moser sind überzeugt, alle Spuren verwischt zu haben. Vorsichtshalber haben sie sich selbst engsten Freunden nicht als Täter zu erkennen gegeben. Dass einer, vielleicht auch zwei der Weggefährten, die bei den Vorbereitungsarbeiten dabei waren, «zwitschern», sie bei der Bundespolizei verraten könnte, haben sie ausgeschlossen. Marco Camenisch sagt heute: «*Das war ein Riesenfehler. Ich war naiv, gutgläubig, leichtfertig. Aber ich habe aus dem Fehler viel gelernt für die Zukunft. Niemals mehr habe ich mich auf Leute verlassen, von deren Vertrauenswürdigkeit ich nicht absolut überzeugt war.*»

Das Wort «Vertrauen» werde ich oft hören in den nächsten zwei Jahren, wenn Camenisch aus seinem Leben und von den Leuten erzählt, die seine Wege gekreuzt und ihn begleitet haben. Vertrauen ist für ihn ein «Gütesiegel». Den Wenigen, die sein Vertrauen gewinnen, öffnet er sich und sie entdecken einen Menschen, der sich auch nach Jahrzehnten hinter Gittern eine grosse Empathie erhalten hat, selbst jenen gegenüber, die ihn tagtäglich in der Zelle einsperren und bewachen. Ein leitender Beamter der Strafvollzugsanstalt Lenzburg, wo Marco Camenisch viele Jahre inhaftiert war, sagt: «In der steinharten Schale von Herrn Camenisch steckt ein weicher Kern.»

Am Morgen des 7. Januar 1980, es ist trüber Wintertag, in Chur sind über Nacht 30 Zentimeter Neuschnee gefallen, setzen sich Camenisch und Moser ins Auto und fahren nach St. Gallen, um das geschuldete Geld bei Röbi Hilfiker einzutreiben. Sie haben in der Zwischenzeit rausbekommen, wo ihr vermeintlicher Freund sich aufhält. Nachdem sie ihren Kumpel aber weder zu Hause noch auf St. Gallens Gassen oder in einschlägigen Beizen finden, verschieben sie die Suche auf den nächsten Tag. Hilfiker kann ihnen nicht entkommen, wissen sie doch, dass er seit November bei der Heilkräuter- und Gewürzfirma

DIXA AG in St. Gallen schuftet, für elf Franken die Stunde. Camenisch und Moser steigen in einer ungeheizten Abbruchliegenschaft ab, wo sie das Nachtquartier mit Hausbesetzern, Junkies und Obdachlosen teilen.

Gegen 10 Uhr am nächsten Morgen verlässt Marco Camenisch die unwirtliche Schlafstätte, um bei Hilfiker in der DIXA AG das Inkasso zu tätigen. Kurz vor Mittag, Moser hat soeben einen Topf Salzwasser auf den Holzherd gestellt, um Spaghetti zu kochen, stürmt die Polizei das Abbruchhaus, in Vollmontur: Kampfhelm, Kugelwesten, bis zu den Zähnen bewaffnet. Der Zugriff verläuft gewaltlos: René Moser streckt den Ordnungshütern beide Hände entgegen und macht sie, noch bevor die Handschellen einschnappen, auf das Messer aufmerksam, das er in der Gesässtasche seiner Hose auf sich trägt.

Minuten später tritt Camenisch über die Schwelle. Er wehrt sich nicht. Im Bericht der Kantonspolizei wird es später heissen: «Bei der Verhaftung trug Camenisch eine durchgeladene und entsicherte Pistole auf sich, von der er aber keinen Gebrauch machte.» Noch am selben Tag wird auch Hilfiker verhaftet. «Einer, der zu viel wusste und den Power nicht mehr hatte, zu schweigen», schreibt der EISBRECHER, die Zeitung der Zürcher Jugendbewegung. «Die Bupo (Bundespolizei) hat ihn so weit gebracht, dass er ein vollumfängliches Geständnis ablegte.»

Am Tag der Verhaftung von Camenisch und Moser, am 8. Januar 1980, bewilligt die Regierung des Kantons Graubünden den NOK den Bau der Kraftwerke Ilanz I und II am Hinterrhein.

Marco Camenisch ist 27 Jahre alt, als er in St. Gallen verhaftet wird. Für ihn beginnt an diesem Tag *das zweite Leben,* wie er seinem ehemaligen Mittelschullehrer Paul Dürr 20 Jahre später aus dem Gefängnis schreiben wird. Im selben Brief beantwortet Camenisch die Frage des Lehrers, ob sich die Gewaltanwendung für den Erhalt der Umwelt gelohnt habe, mit folgenden Worten: «*Klar hatten wir richtig gehandelt und vieles hat sich punktuell positiv verändert. Im Grossen und Ganzen ist aber leider festzustellen, dass alle legalen und pazifistischen Bemühungen, Proteste, Bittschriften, Petitionen und Initiativen für den effektiven Schutz des Lebens und unserer Erde gescheitert sind.*»

## Kanonen von Navarone

Das erste Leben von Marco Camenisch beginnt am 21. Januar 1952 in Schuders, im Prättigau. Sein Vater Bartholome ist Grenzwächter. Alle vier Jahre wird er mit seiner Familie an eine andere Station an der Peripherie Graubündens versetzt. Marco und seine zwei Geschwister wachsen im Prättigau, im Unterengadin und im Puschlav auf.

Marco erzählt: «*In Schuders, einem kleinen Dorf oberhalb von Schiers, bin ich zur Welt gekommen, als Nesthäkchen, acht Jahre nach Bruder Renato und sechs Jahre nach Schwester Hildegard. Meine wenigen Erinnerungen an diese Zeit sind die Sonne, der Schnee, der Schlitten, Berg rauf und runter, der Kachelofen in der Stube, die lesende Mutter und der Schäferhund des Vaters. In Schuders gab es damals noch einen Grenzwachtposten, einen Ein-Mann-Posten. Der Grenzwächter war mein Vater und der hatte Ausschau zu halten nach Schmugglern, die über die grüne Grenze Schweiz/Österreich kamen. Das benachbarte Sankt Antönien galt damals als Schmugglernest. In diesem Grenzabschnitt soll es einer Legende nach mal einen ‹Religionskrieg› gegeben haben, bei der die ‹unchristlichen› Antönier in Schuders eingefallen sind und die Kirchenglocke geklaut haben.*

*Mein Vater Bartholome war aus Val Schons, einem Bergtal am Hinterrhein. Geboren wurde er 1917 in eine kinderreiche Bauernfamilie. Er hat Zimmermann gelernt. Ich erinnere mich an Fotos, die ihn bei der Arbeit zeigen, ungesichert auf einem abfallenden Brückenbalken stehend, wie das damals halt so war. Im Gegensatz zu mir war mein Vater absolut schwindelfrei. Das hat sich gezeigt, als wir gemeinsam ‹z'Bärg› sind und es mich schauderte, wenn er auf Bergwanderwegen in ausgesetztem Gelände in die Tiefe blickte. Später beim Felsklettern dagegen hatte ich nie Schwindel.*

*Meine Mutter Annaberta, geboren 1923, war die Tochter einer Mathonerin. Der Ort Mathon liegt im Schamsertal über Andeer. Ihr*

*Vater war ein Bahnangestellter aus Basel, ein Freigeist, ein Anhänger von Freigeld mit einer grossen anthroposophischen Bibliothek. Gleichzeitig wäre er gerne ausgewandert, um sich in Afrika als Bauer niederzulassen. In der Idee des Freigeldes liegt ein Funken Anarchie. Wer weiss, vielleicht ist dieser Funken vom Grossvater auf den Enkel, also auf mich, übergesprungen. Meine Mutter besuchte in Basel die Rudolf-Steiner-Schule. Dann erkrankte der Grossvater, quittierte den Bahndienst und zog mit Frau und drei Kindern nach Mathon, wo sie den familieneigenen Bauernhof übernahmen und bewirtschafteten. So wurde auch meine Mutter eine Bauerntochter.*

*Als Unterländer und Freidenker ist mein Grossvater im Dorf oft angestossen mit seinen Ideen. Beispielsweise hat er einen Garten angelegt, was die Dorfbewohner, die Bergbauern, ziemlich daneben fanden. Bald aber haben sie es ihm nachgemacht, eingesehen, dass Gemüse im eigenen Garten sinnvoll ist. Kennengelernt haben sich Vater und Mutter in Schams oder in Mathon. Ist ja eine kleine Welt da hinten. Da läuft man sich rasch mal über den Weg. Annaberta war 21, Bartholome 27, als sie geheiratet haben und nach Brusio zogen, wo mein Vater als Grenzwächter arbeitete. Im Puschlav sind mein Bruder Renato und meine Schwester Hildegard geboren worden. Es waren die 40er-Jahre. Die Familie lebte in einfachen Verhältnissen, der Lohn des Vaters war bescheiden und reichte knapp bis Monatsende.*

*Oberriet im Rheintal war für kurze Zeit unser nächstes Zuhause, bevor Vater Postenchef wurde in Sta. Maria im Münstertal, wo ich hinter dem Schlagbaum oft mit den Carabinieri gespielt habe, die den kleinen Marco ‹unser Mascottchen› nannten. Ich erinnere mich, aus dem Grenzposten auch mal Schreie von arretierten Südtirolern gehört zu haben, die damals für ihre Unabhängigkeit gekämpft und etliche Elektromasten gesprengt hatten. In Erinnerung geblieben sind das ‹Rumstrielen› mit dem Bruder und eine Ohrfeige der Mutter, der ich die Zunge rausgestreckt habe. Es war der einzige ‹Chlapf›, den sie mir je verpasst hat. Übrigens bin ich auch vom Vater nie geschlagen worden.*

*Er war ein guter, bodenständiger Mensch, der für Geborgenheit in der Familie gesorgt und uns mit der Schönheit der Natur vertraut gemacht, Respekt und Achtung Frauen gegenüber gelernt hat.*

*Mutter war die Intellektuelle in der Familie, nahm rege Anteil am politischen Geschehen, auch am Internationalen. Zu ihrer regelmässigen Lektüre gehörte* READER'S DIGEST, *eine vom amerikanischen* CIA *mitfinanzierte Monatszeitschrift, die sich im Kalten Krieg auch in der Schweiz grosser Beliebtheit erfreute und die ich mir – kaum konnte ich lesen – regelmässig zu Gemüte führte. Bald folgten andere die* USA *heroisierende Schinken wie ‹Die Brücke am Kwai› oder die ‹Kanonen von Navarone›. Auch Bücher von Hemingway oder von Traven, dem Herausgeber der sozialistisch-anarchistischen Zeitschrift* DER ZIEGELBRENNER, *oder Aufzeichnungen von Partisanen kamen ins Haus, Lektüre, bestimmt für die Mutter, die sie mir jedoch nicht vorenthielt. Vorausgesetzt, die Hausaufgaben waren gemacht.*

*Ich bin gerne zur Schule gegangen, obwohl das Kopfrechnen aufgrund eines extrem autoritären Lehrers ein traumatisches Erlebnis war, ein Erlebnis, das bis in die Mittelschule nachwirkte, eine Blockade auslöste und mir später auch ein Fach wie Physik zum Krampf werden liess. Wie die anderen Jungen im Dorf war auch ich als Kind viel draussen. Irgendwann wurde ich, nachdem ich im Wald und auf Wiesen rumgetollt bin, von einer Allergie befallen, die an den Händen ein hartnäckiges, juckendes Ekzem auslöste. Es war die Zeit, als der erste ‹fallout› aus amerikanischen und russischen Atomversuchen in die Atmosphäre gelangte. Als Erwachsener habe ich die Allergie nochmals gekriegt: Wenige Tage nachdem das russische Atomkraftwerk Tschernobyl hops gegangen ist und ganz Europa von radioaktivem Staub verseucht wurde.»*

Zu Marco Camenischs Erinnerungen an seine frühe Jugend bleibt nachzutragen, dass er ein leidenschaftlicher Jungschütze war. Vom Eidg. Kleinkaliber-Schützenverband wird er mehrmals ausgezeichnet. Mit 17 erhält er die «Ehrenmeldung» des Bündnerischen Schützenverbands und im gleichen Jahr zeichnet ihn die Società Svizzera dei Carabinieri aus, für seinen Erfolg bei einem Feldschiessen in Brusio, an dem Ort, wo sein Leben zwanzig Jahre später eine schicksalshafte Wende nehmen wird.

Als Marco Camenisch im Frühjahr 1972 als 20-Jähriger das Gymnasium ohne Maturitätsabschluss verlässt, stoppt der Vater die finanzielle Unterstützung seines Sohnes. Die Eltern sind enttäuscht. Alles Zureden, sich die Zukunft nicht zu verbauen, stösst auf taube Ohren. Marco will keine Matura, will nicht studieren. Er will das Leben des Volkes kennenlernen, Hilfsarbeiter sein und als Hirt auf die Alp. In seinen Unterlagen, Briefen, Notizen und Fotos aus jener Zeit liegt eine aus dem *Kursbuch* herausgerissene Seite. Das von Hans Magnus Enzensberger herausgegebene *Kursbuch* zählt in den 60er- und 70er-Jahren zu den wichtigsten Publikationen der neuen Linken. Die von Camenisch aufbewahrte Seite ist ein Gedicht mit dem Titel *Der Brave Mann*. Es sind Zeilen, die dem Jugendlichen offenbar aus dem Herzen gesprochen haben.

*Er erwacht um sieben Uhr und steht sogleich auf*
*Er hat eine hohe Stirn, ein gutes Herz*
*Nachdem er früh aufgestanden ist, wäscht er sich*
*Er hat nur ein einfaches Kleid an, aber dasselbe ist frisch und sauber*
*Mit dem Hut in der Hand kommt er durch das ganze Land*
*Er will nicht zu viel auf einmal*
*Das Glück seiner Tage wägt er nicht mit der Goldwaage*
*Er begnügt sich mit seinem Strohlager*
*Er hütet sich vor dem Alkohol*
*Er raucht im Kino nicht*
*Er quält die Tiere nicht*
*Er ist ein selbstloser Mensch*

*Er bleibt im Land und nährt sich redlich*
*Wes Brot er isst, des Lied er singt*
*Er spricht nicht mit vollem Munde*
*Er dient seinem Herrn*
*Er dient seinem Herrn redlich*
*Er folgt seinem Herrn*
*Er bringt seinem Herrn den Hut*
*Er hat viel Selbstbeherrschung*
*Er vergilt nicht Böses mit Bösem*
*Er ist der treueste Kunde unseres Geschäfts*

## Kuhhirt und Steigbügelhalter

In einem Architekturbüro in Chur findet Marco Camenisch seine erste Anstellung. Danach arbeitet er in der Reitschule St. Georg in Chur. Er striegelt die Pferde, mistet die Ställe aus und hilft den Herrschaften in den Sattel. Nach einem halben Jahr hat er die Nase voll. *«Steigbügelhalter der Bündner Bourgeoisie»* will er nicht sein. Der Arbeitgeber bedauert den Abgang, denn «Marco Camenisch verrichtete die ihm aufgetragenen Arbeiten gewissenhaft und zu meiner vollen Zufriedenheit», wie er im Arbeitszeugnis schreibt. «Herr Camenisch ist ein treuer und zuverlässiger Angestellter. Er verlässt die Stelle auf eigenen Wunsch, um sich weiterzubilden. Auf seinem weiteren Lebensweg wünsche ich ihm alles Gute.»

Die im Zeugnis erwähnte Weiterbildung ist ein Fernstudium der Akademikergemeinschaft AKAD, für das Camenisch nach seiner Anstellung als Stallbursche einige Monate büffelt. Nicht, um doch noch den Maturitätsabschluss nachzuholen, wie er sagt, sondern vielmehr, um den Eltern zu signalisieren, dass ihr Sohn nicht verloren sei. *«Denn ich habe nicht erwartet, dass ihnen das so nahegeht, dass ich das Gymnasium geschmissen habe. Aber heute kann ich sehr gut verstehen, dass sie schockiert, verzweifelt und traurig waren.»*

Nach der ersten Erfahrung als Hilfskraft und dem kurzen Einsatz fürs Fernstudium geht Camenisch im Sommer 1973 als Hirt auf die Bodenalp, wo er während 100 Tagen mit einem Kollegen und einer Kollegin für einen Bruttolohn von 4000 Franken 90 Rinder sömmert. Aber kaum auf der Alp, haben sich die drei *«starke Erkältungen zugezogen, nicht zuletzt durch die mehr als rudimentären Wohnverhältnisse (Durchzug, Feuchtigkeit, Kälte)»*, schreibt Camenisch dem Alpvogt in einem Eilbrief. *«Wir ziehen morgen für zwei Tage ins Tal, um uns gesund zu pflegen*». Sollte in der Zwischenzeit kein Material bereitstehen, um die prekäre Unterkunft auszubessern, würden sie die Hirtschaft nicht wieder aufnehmen.

Das Verlangte wird geliefert. Die drei jungen Leute kehren auf die Alp zurück.

In den 70er- und 80er-Jahren verbringen Hunderte von städtischen Jugendlichen den Sommer mit Kühehüten und Käsemachen auf der Alp. Sie haben «Die Alp als Ort der Gegenkultur» entdeckt, wie der Berner Ethnologe Markus Schütz seine aufwendige Dissertation zu diesem Trend betitelte. Meist gehören die «Neuälpler» linksalternativen Kreisen an, die mit dem Leben auf der Alp einen «dritten Weg» ausprobieren zwischen Kapitalismus und Kommunismus. Dabei versuchen sie ihre Kämpfe aus der Stadt in die Berge zu tragen: gegen AKW, gegen die Armee, gegen Waffenausfuhr, gegen die Schnüffelei des Staatsschutzes, gegen die Globalisierung, für den Erhalt einer intakten Landschaft, für Frauenpower, für Mitbestimmung, für fixe Löhne – auch für Sennen und Hirten.

Viele der urbanen Älpler entstammen der 68er-Bewegung, die nicht nur beeinflusst war von Marx und Lenin, den Theorien Horkheimers, Adornos und Habermas', sondern teilweise auch frühsozialistischer Romantik anhingen. Sie stellen dem Fortschrittsglauben, der Technologiegläubigkeit und dem Machbarkeitswahn der 60er- und 70er-Jahre eine fundamentale ökologische Kritik entgegen. Die kleinbäuerliche Landwirtschaft und die Alp im Besonderen bieten sich als Alternative geradezu an.

Die bekanntesten Namen der linken Alp-Bewegung sind Urban Gwerder und Armin Capaul. Der 68er Gwerder ist als Herausgeber der linksalternativen Zeitung HOTSCHA und als Begleiter von Frank Zappa eine Ikone des helvetischen Untergrunds. Capauls Weg führt aus dem Kuhstall direkt zu den Zürcher Globus-Krawallen und zurück. Im Bündnerland aufgewachsen, Jahrgang 1952 wie Camenisch, wird Capaul Bauer und Lehrer an der Landwirtschaftlichen Schule Plantahof, bevor er in Opposition geht und mit der «ÄlplerInnenbewegung» und der Aktion «Feuer auf den Alpen» Zunder in die heile Bergwelt bringt. Dieser hartnäckigen Opposition ist es zu verdanken, dass zwei intakte Berglandschaften vor der Zerstörung gerettet werden: die Hochmoore in der Greina und im Val Madris, die für Pumpspeicherkraftwerke unter Wasser gesetzt werden sollten. Kürzlich ist der streitbare Bergbauer Armin Capaul erneut in die Schlagzeilen geraten. Er sammelt Unterschriften «Für die Würde landwirtschaftlicher Nutztiere», eine Volksinitiative, die verlangt, dass Bauern, die ihren Kühen die Hörner abtrennen, eine Geldstrafe zu entrichten haben. Dieser «Hornfranken» soll in tiergerechte Landwirtschaftsprojekte investiert werden. Capaul ist vom Erfolg der Initiative überzeugt, seien doch inzwischen neun von zehn Kühen ihres «Kopfschmucks» beraubt, was die Mehrzahl der Schweizer nicht akzeptiere. Das Volksbegehren soll 2016 zur Abstimmung kommen.

Anders als Capaul und Camenisch, die einen bäuerlichen Hintergrund haben oder in den Bergen aufgewachsen sind, finden sich unter den Neu-Älplern viele jugendliche Stadtflüchtige, die erschöpft und enttäuscht sind von den politischen Kämpfen oder den Auswüchsen der Urbanisierung mit ihrem rasch wachsenden Autoverkehr, den gesichtslosen Agglomerationen und der Zersiedelung des Mittellandes. Sie sehen in der Alp das Lebendige, Echte, Archaische.

Doch auch in den Bergen sind die Schäden des Wachstums augenfällig. Touristenklötze fressen sich in die Landschaft, oft hinauf bis an die Ränder von Alpweiden. Hochgebirge werden mit Bergbahnen und Liften erschlossen, Alpen für Funparks planiert, neue Helikopterlandeplätze bewilligt, natürliche Gewässer in Stollen und hinter Staumauern geleitet. Wirksame umweltschonende Korrektive gibt es noch nicht. Der technologische Fortschritt wird nicht hinterfragt. Die «Grenzen des Wachstums» wie sie der Club of Rome, eine Vereinigung namhafter Wissenschaftler, 1972 definiert hat, figurieren in der Schweiz noch in keinem parteipolitischen Programm.

Mit ihrem Linksdrall, ihrer Gesellschaftskritik, ihren Aktionen und ihrer Lebensweise geraten die Neu-Älpler ins Visier der Obrigkeit. Bald begnügen sich die aus der Stadt hergelaufenen Hirten, Melker und Sennen nicht mehr damit, den Bauern das Vieh zu sömmern. Sie gründen Kommunen, darunter eigentliche Grossbetriebe wie Longo Mai oder LPG – die Lebens- und Produktionsgesellschaft im bernisch-jurassischen Villeret. Umgehend richtet der Staatsschutz seine Augen nicht länger nur auf Linke in den Städten, sondern auch auf die Ränder der Schweiz und in die Berge, das Reduit, das ideologische Kerngebiet der Nation.

Am 20. August 1975 schlägt Hauptmann Meier, Kommandant der Gebirgsgrenadier-Einheit Kp 37 Alarm. Die Telefonleitungen zum Biwak der Kompanie auf der Alp sind mehrfach durchschnitten. Als Hauptmann Meier sich die Sache näher anschauen will, wird er vom Feind in die Flucht geschlagen. Beim Feind handelt es sich um mit Hellebarden bewehrte Sennen der benachbarten Alp. «Alternative Typen», die auf Kommandant Meier «einen heroinsüchtigen Eindruck gemacht haben» und die ihm nun unmissverständlich bedeuten, schleunigst zu verschwinden, was dieser angesichts der Entschlossenheit und Übermacht des Feindes auch tut.

Quelle dieser exakt protokollierten Feindberührung ist eine Fiche des Staatsschutzes, nachgedruckt in der Ausgabe 1/91 der Zeitschrift ZALP. Gemäss einer Untersuchung des Historischen Seminars der Universität Zürich werden in den 70er-Jahren über 1000 Älpler vom Staatsschutz überwacht, zumeist aufgrund von Hinweisen aus der Dorfbevölkerung.

Im Herbst 1973 kehrt Camenisch von der Bodenalp zurück nach Chur und macht es sich bei einem Freund bequem. Das Kreiskommando Graubünden meldet sich mit dem Marschbefehl für die Rekrutenschule. Einzurücken hat er in Bellinzona, wo er zum Gebirgsinfanteristen ausgebildet werden soll. Aufs Militär hat Marco nun allerdings null Bock, weshalb er umgehend in die Psychiatrische Klinik Beverin reist und sich sanitarisch ausmustern lässt. Danach nimmt er für die Wintermonate eine Stelle bei der FELLHANDEL + PELZZURICHTEREI W. ZAHND in Chur an. Dort muss er Tiere häuten und die Felle in giftige Laugen tunken. Eine harte Arbeit, die Camenisch aber zur «vollen Zufriedenheit» ausführte, wie ihm Zahnd attestiert.

Drei Jahre später, im Winter 1977/78, wird Camenisch erneut als Pelzzurichter arbeiten. Dazu äussert sich Patron Zahnd nicht in einem Arbeitszeugnis, sondern gegenüber der Staatsanwaltschaft, die Leumundsberichte über den angeklagten Sprengstoffattentäter einholt: «Während sein Verhalten bei der ersten Anstellung normal und nicht auffällig war, kam er mir beim zweiten Mal vor wie ein umgekehrter Handschuh. Er verbreitete umweltschützlerische Ideen und machte gegen alles und jedes Opposition. Ich war froh, als er ging, obwohl seine Arbeitsleistungen wiederum gut waren.»

Im Sommer Hirt, im Winter Hilfsarbeiter, das ist Marco Camenischs Leben. Hilfskraft in einem Architekturbüro oder einer Sägerei, Pelzzurichter, Bauhandlanger, Knecht, Chauffeur, Melker, Waldarbeiter, fast ausnahmslos bei Arbeitgebern der Region Prättigau/Chur. Einmal zieht es ihn kurz nach Zürich: Wenige Tage vor dem Sprengstoffanschlag auf das Kraftwerk Sarelli arbeitet er auf Vermittlung eines Büros für Temporärstellen als Bauhandlanger bei der Firma STRABAG. Am 16. Dezember schreibt er der STRABAG: *«Leider kann ich meinen Arbeitseinsatz nicht zu Ende führen, da mein Kollege, trotz seinem Versprechen, die Fütterung meiner Tiere nicht weiterführen will. Bedaure, freundl. Grüsse, Marco Camenisch.»*

Manchmal allein, manchmal mit andern Hirten, jedes Jahr ist er auf einem andern Berg: auf der Alp Gafien, der Alp Ruis/Siat, der Alp Lärch/Igis, auf der Hörnlialp, in Andiast, in St. Antönien und Arosa. Die Zeugnisse sind, ob Hilfsarbeiter oder Senn, sehr gut. So schreibt beispielsweise Kaspar Dolf, Weidfachchef der Gemeinde Igis: «Herr Camenisch hat vom 22. Mai bis 7. Oktober 1976 auf Heimweiden in Alp Lärch 250 Stück Galtvieh gehütet zur vollen Zufriedenheit von mir und der ganzen Bauernsame. Herr Camenisch ist sehr charakterfest und gewissenhaft. Ich wünsche ihm alles Gute für die Zukunft mit der besten Hoffnung, dass wir ein weiteres Jahr miteinander geschäften können.»

Nach der Alpentladung besucht Marco Camenisch während zwei Wintern die Landwirtschaftliche Schule Plantahof in Landquart. Er schliesst die Ausbildung mit einem Notendurchschnitt von 5,8 ab, mit der Bemerkung «Fleiss sehr gut». Als Freifächer hat er Bienenzucht, Weinbau, Obstbau und Maschinenkunde gewählt. Im folgenden Frühjahr besucht er an der Landwirtschaftsschule noch einen Sennenkurs. Dann hat er genug. Er schreibt Pauli, seinem Freund aus der Zeit des Gymnasiums, der inzwischen in Spanien als Deutschlehrer arbeitet: *«Auf dem Plantahof stinkt es mehr nach Chemie als nach Kuhmist.»* Im Studienfach «Chemische Düngung» hatte Camenisch mit einer 4,5 die einzige durchschnittliche Schulnote erhalten, in den restlichen neun Fächern bekam er eine 6. *«Ich habe mich geweigert, dieses Fach zu studieren. Der Dozent meinte, diese Art Düngung und ihre Nebenwirkung seien seit Jahren erprobt und hätten sich als unschädlich erwiesen. Meine Antwort war: Jahrzehnte bedeuten für den Planeten nichts, mit seinen vielen Milliarden Jahren Leben.»*

Marco erzählt über seine Jahre als Senn und Hilfsarbeiter: *«Gewohnt habe ich in diesen Jahren mal hier, mal dort. Alleine eine Wohnung zu mieten, hatte ich keine Chance: Lange Haare, nicht verheiratet etc. Mit einem Kollegen, er war der Sohn eines Untersuchungsrichters und ist später Banker geworden, suchten wir eine eigene Wohnung. Als wir endlich was Erschwingliches gefunden haben, wurde uns beschieden, die Wohnung sei ungeeignet für uns, habe sie doch einen Holzofen. Um diesen fachgerecht zu bedienen, brauche es eine Frau. ‹Das ist ein Holzofen› wurde dann für uns ein geflügeltes Wort, wenn es darum ging, Dämlichkeiten zu qualifizieren. Nach der Zeit in Chur kam die Zeit im Haus ‹Zuzi›, als wir zu dritt unterhalb von Fanas in ein leerstehendes Bauernhaus ziehen durften, ohne Miete zu bezahlen, unter der Bedingung, dass wir das arg heruntergekommene Haus auf eigene Kosten wohntauglich machen. Ein wunderschöner Flecken am Hang, mit Wald zu beiden Seiten, zwei Hektaren Wiesen dazu und einem kleinen Heuschober. Meine Mitbewohner waren ehemalige Mitschüler von der Mittelschule Schiers, Herrensöhne aus dem Unterland, die von den Eltern ins strenge Internat in den Bergen gesteckt worden sind, fernab von den Versuchungen der Stadt, damit sie zu starken Stützen der bürgerlichen Gesellschaft werden. Diese Bürschchen wollten nun mal das Leben in einer Landkommune ausprobieren. Ein Leben, das zu jener Zeit bei den Städtern gross im Trend war. Vereinbart war, dass jeder mit anpackt beim Renovieren des Hauses und jeder von seinem Lohn einen Teil beiträgt für den Ankauf von Renovationsmaterial. Aber der eine hat dann, statt wie versprochen Täfer für die Wände zu besorgen, sich mit dem ersten selbst verdienten Geld lieber einen teuren Töff, einen* DUCATI, *gekauft. Meine nächsten Mitbewohner waren zuverlässig und halfen mit, das Haus umzubauen, echte Freunde, mit denen ich am Abend am Holzofen sass, über Gott und die Welt sprach und Spass hatte.»*

Einige Bauern und Bürger in der Umgebung haben weniger Spass am «Zuzi» und seinen Bewohnern und Bewohnerinnen. «Verdacht der Gründung einer Kommune» steht im Rapport Nr. 174/73 der Kantonspolizei Chur. Weiter ist in der Akte «Camenisch Marco – Haus Zuzi» vermerkt: «Verkehrsunfall mit durchgebranntem Pferd», «Verstoss gegen das Betäubungsmittelgesetz (Haschischkonsum)» und «Verstoss gegen das Verkehrsgesetz (Velofahren mit Person auf dem Gepäckträger).»

Wie der Vermerk in die Akte gekommen ist, lässt sich aus einem handgeschriebenen Brief von Marco Camenisch an «Pol. Kpl. G. Melchior, Dorfpolizist von Schiers» schliessen: *«Am 17.5.77 waren Sie im Zuzi, um mir mein Ihnen ausgeliehenes Obstbaulehrbuch zurückzubringen. Dafür danke ich Ihnen. Dass Sie jedoch nebenbei meine Gäste anhalten, in meinem Haus kontrollieren und befragen, dafür geht mir jegliches Verständnis ab. In meiner Anwesenheit wäre dies jedenfalls nicht vorgekommen. Solches Vorgehen in meinem Haus dulde ich in Zukunft nur noch, wenn Sie untersuchungsrichterliche Befehle vorweisen können. Ansonsten bitte ich Sie, Ihren Dienst auf öffentlichem Gebiet zu versehen. Dass Sie sich korrekt und freundlich verhalten haben, möchte ich Ihnen verdanken. Marco Camenisch. Adr. zur Zeit im Forst, Igis»*

Wachtmeister Melchior antwortet postwendend: «Sehr geehrter Herr Camenisch, am 17.5.1977 befand ich mich auf dem Weg zu Ihnen. Im Wald traf ich einen unbekannten Mann. Gesprächsweise teilte er mir mit, dass Ihr Haus zurzeit durch ein ihm unbekanntes Mädchen bewohnt werde. Sie selbst seien nicht zu Hause. Herrn Schertig habe ich im Wald kontrolliert und Frl. Burri vor der Haustüre befragt. Art. 4 der Verordnung über die Kantonspolizei lautet, ich zitiere: ‹Die Kantonspolizei hat das Recht, Personen anzuhalten und die Angaben über die Personalien sowie die Vorlage eines Ausweises zu verlangen.› Meine Handlungsweise war also legal. Ein untersuchungsrichterlicher Auftrag ist nicht erforderlich. Wir werden unsere Dienstpflicht nach wie vor erfüllen. Mit freundlichen Grüssen, Kantonspolizei Schiers. Der Postenchef Wm G. Melchior»

Gleichzeitig erhält Camenisch Post vom Präsidenten des Schützenvereins Schiers, in dem dieser Camenisch für seine aktive Mitgliedschaft herzlich dankt und ihm «weiterhin gut Schuss» wünscht.

## Liebe

Als Hilfskraft in einem Architekturbüro in Chur begegnet Camenisch seiner, wie er einer Bekannten einige Jahre später schreiben wird, *«ersten grossen und wahrscheinlich grössten Liebe meines Lebens. Mama hatte sie speziell lieb, eigentlich nur sie von allen ‹meinen› Frauen.»*

Die grosse Liebe ist 17, heisst Margreet und ist das drittjüngste von neun Kindern, deren Eltern in der Surselva eine Pension mit biologischem Gemüseanbau führen. In Schiers, wo Margreet in der Dorfapotheke ein Praktikum absolviert, lernt sie Marco Camenisch kennen, mit dem sie bald zusammenzieht. «Ich bin abgehauen von zu Hause, nach Chur, mit einem Schlafsack. In einer Hütte auf der Strasse nach Arosa haben Marco und ich übernachtet. Anderntags habe ich meine Eltern angerufen und gesagt: Lasst mich in Ruhe, ich bin mit Marco.» Die beiden beziehen ein Zimmer in Chur, es liegt im Subparterre, Tageslicht dringt nur spärlich durch die zwei kleinen Fenster. «Ein Loch», sagt Margreet, «aber wir waren glücklich.» Sie beginnt eine Lehre als Dekorateurin.

Das Glück hält nicht lange. Margreet wird schwanger. Die 17-Jährige will noch kein Kind. 2000 Franken verlangt ein Arzt für die Abtreibung, so viel Geld kann das junge Paar nicht aufbringen. Margreet erlebt einen traumatischen Eingriff im Hinterzimmer einer Krankenschwester. Nach der Genesung im Kantonsspital Basel fährt sie als Beifahrerin auf dem Motorrad mit einem Bekannten von Basel nach Chur, wo Marco sie erwartet. Es kommt zu einer Frontalkollision. Die junge Frau erleidet einen dreifachen Schädelbruch. Nach mehrwöchigem Aufenthalt in Akutspitälern und Spezialkliniken kann das Hirn-Schädel-Trauma auskuriert werden. Aber das Liebesglück ist zu Ende.

Margreet erzählt: «Zuerst wollte Marco wissen, wie die Spitalbehandlungen verlaufen und wie der Töffunfall geschehen konnte. Ich habe alles erzählt. Irgendwann hat er gesagt: ‹Du hast dich verändert, du bist ganz anders geworden.› In diesem Augenblick wusste ich, dass die starken Gefühle nicht mehr da waren. Marco hat mich hängen lassen, als es mir schlecht ging. Ich war traurig und verletzt. Wir sind uns danach in Chur noch gelegentlich über den Weg gelaufen, es waren kühle Begegnungen, ich glaube, Marco hatte ein schlechtes Gewissen. Einige Zeit später hatten wir allerdings nochmals eine Beziehung – kurz und heftig.»

Auch Marco Camenisch erinnert sich an die kurze Zeit seiner ersten grossen Liebe: «*Ich war unfähig, mit ihrer schwierigen Lage umzugehen. Wir waren ja so jung, sie 17, ich 21. Wir hatten keine Erfahrungen mit Beziehungen. Ich musste erstmals mein Leben selbst verdienen. Bin vor der Schule in die Arbeitswelt, in die Hilfsarbeiterwelt, um genau zu sein, katapultiert worden. Wir, die von den Bergen herunter, und das ist nicht Koketterie, wir haben wenig gewusst vom Leben, von sexueller Aufklärung, von Verantwortung. Und wir hatten ja keine materielle Existenz. Nichts. Null. Dann ist Margreet schwanger geworden und wir suchten verzweifelt nach jemandem, der uns hilft. Und da habe ich einen grossen Fehler gemacht, war unverantwortlich, nicht fürsorglich, unsensibel. Da waren ja ganz traumatische Verhältnisse. Zuerst dieser Pfusch bei der Abtreibung und dann dieser grauenhafte Töffunfall. Statt sie zu begleiten, bei ihr zu sein, bin ich zur Arbeit gegangen. Und Wochen später, als ich sie endlich besuchte, war sie psychisch angeschlagen und ich habe keinen Draht mehr zu ihr gefunden.*»

Obwohl Marco Camenischs Körpermasse mit 172 cm Grösse und 53 kg Gewicht eher auf eine diskrete Erscheinung hinweisen, ist der junge Mann mit dem schulterlangen Haar, mit Bart und Schnauz eine auffallende Figur in Chur. Über bunten Barchenthemden trägt er meist einen langen dunklen Mantel. Die Füsse stecken in schweren Schuhen. Unterwegs ist er stets mit Rucksack und nie ohne Begleitung eines Hundes. Etwas Abenteuerliches, Unnahbares geht von dem Typen aus, der oft schweigt, aber auch gerne lacht und gut redet, vor allem, wenn er in der «Spanischen Weinhalle» sitzt, einer Spelunke, wo die bösen Buben und frechen Mädchen der Stadt einkehren.

Marco gefällt den Mädchen, auch der 18-jährigen Barla, die immer wieder aus der Enge und den Zwängen der Kleinstadt Chur ausbricht, um in das wilde Leben Zürichs einzutauchen. Die beiden werden ein Paar. Barla wird schwanger und zieht zu Marco ins «Zuzi». Marco strickt ein Wolljäckchen für das zu erwartende Baby. Die beiden heiraten. Im Spätherbst 1975 kommt Lena zur Welt. Den Sommer verbringen sie auf der Alp Igis, wo Marco Kühe hütet und Käse macht. Das Familienglück auf dem Berg währt nicht lange. Es kommt zu Spannungen, dann gibt's Streit. Camenischs Gefühle verhärten sich, er entfernt sich innerlich von Barla und wird plötzlich von der Angst gepackt, dass in seinem Leben Kochtöpfe rasseln und ein Kleinkind schreit, statt dass Kraftwerke fallen. Die Zukunft scheint ihm verschlossen wie ein Sarg. Er schickt Frau und Kind zurück ins Tal.

Jahre später wird Camenisch in einem Brief an eine Freundin schreiben: «*Ein starker Grund fürs Weggehen und die Aufnahme des Kampfes war für mich die Verantwortung aller Erwachsenen, den nachfolgenden Generationen intakte Lebensgrundlagen zu hinterlassen. ‹Was du tun wirst›, habe ich mir während den letzten Wochen mit der Familie immer wieder gesagt, ‹tust du auch für Lena›.*»

Heute gibt Camenisch zu bedenken: «*Zwischen dem 23. und 26. Altersjahr war mein Leben voller Turbulenzen. Es gab Tragödien,*

*Irrtümer, Verletzungen. Ich war auf der Suche nach meiner Lebenswelt, nach meiner Identität. Ich bezeichne diese Jahre als Zeit der ‹Ausreife›. Vieles habe ich falsch, vieles aber auch richtig gesehen und gemacht.»*

Diese Zeit liegt vierzig Jahre zurück. An vieles kann sich Marco Camenisch nicht mehr erinnern. Einiges will er nicht preisgeben. Aber er willigt ein, Auszüge aus seinem Tagebuch zu veröffentlichen. Die Eintragungen hat er zwischen seinem 21. und 24. Lebensjahr gemacht. Es sind intime, sprachlich knapp gehaltene Aufzeichnungen über Ängste, Hoffnungen, Einsamkeit, Verzweiflung, über Liebesbeziehungen, Freundschaften, Vaterschaft, Elternliebe, Alltagssorgen, Glücksmomente. Dem Tagebuch liegen auch Handzeichnungen bei, Versuche, mit wenig Strichen und schwachen Farben auf kleinen Zetteln das quälende Verhältnis zu Barla und zu seiner Vaterschaft auszudrücken.

Aus Marcos Tagebuch: 2. Mai 1973, Mittwoch — «*Für AKAD lernen, Mistladen. Dann nach Chur. Mit Barla ins Zuzi. Kein Gespräch. Monologe ohne Hoffnung. Trauer, Wahnsinn. Zurück mit B. bis Landquart. Kalter Abschied, in mir gefriert es.*»
21. Mai 1973, Samstag — «*Am Morgen kommt Walti. Stürze mich in meine lausigen Kletterklamotten. Auf den BMW und nach Klettergarten Haldenstein (...). Walti klettert vor, ich sichere mit Munterer-Bremse. Wir sind in einem 4 bis 5+, vielleicht 6-. Ich klettere zügig, freudig. Oben sind wir wieder die alten Freunde. Umarmung. Abseilen. Rückfahrt (fast Unfall frontal).*»
Pfingsten 1974, Wochen-Resumée — «*Wünschte mir ehrlich, schon 10 Jahre Beziehung zu Barla zu haben. Verheiratet zu sein, eine selbsterarbeitete sichere Lebensgrundlage landwirtschaftlicher Prägung, vielleicht sogar Kinder zu haben. Ich weiss aber, dass ich nie Hoffnung auf solch einen erstrebenswerten Zustand haben darf, wenn ich nicht bereit bin, Vertrauen zu schenken. Bereit dazu wäre ich, aber ich glaube*

*nicht dazu fähig zu sein.»* (Eineinhalb Jahre nach diesem Tagebucheintrag kommt Camenischs Tochter Lena zur Welt.)
1. September 1974, Sonntag — *«Ein Rind verkauft. Nunmehr 89 Stk. Vieh. 17 Kälber, 16 Mesen, 45 Rinder, 11 Kühe. Bauern sind mit Hüetig zufrieden. Ich auch. Neue Aspekte von Akzeptiertsein. Von Ursi eine Flasche. Vino. Eltern haben Vorbeikommen im Sinn. Papa nimmt 4 Tage frei für Ofeneinbau. Er ist, glaube ich, froh, dass ich bis jetzt mein Leben entweder selber oder mit seiner Hilfe gefristet habe. Es liegt ihm etwas an meiner Ausbildung am Plantahof. Mir auch.»*
4. September 1974, Mittwoch — *«Am Morgen Schnee, schneit weiter ... Es ist kalt, tut aber auf. Ich käse, voller Hoffnung. Bald prächtiger Sonnenschein. Um 4 h treibe ich die Herde hinauf. Zäune zu. Sammeln, melken, Salzlegen. Z'Mittag Milchreis. Z'Nacht ‹Ba-na-go›, Speck, Käse, Puschlaver Brot. Aktuelles Weltgeschehen am Radio anhören.»*
12. September 1974, Donnerstag — *«Viktor schenkt mir die Leber einer Mungga, die er geschossen hat. Ma und Pa und ich essen sie sofort (natürlich gebrätelt). ... Auf Anregung von Pa verschieben wir den Zaun und geben den Biestern damit eine schönes Stück Weide mehr. Um 4.30 h marschieren wir zum Edelweiss. Ich habe ein 25 kg Räf auf dem Buckel ... Ich trinke nach dem Abschied noch einen halben Liter. Dann gehe ich schnell bergan. Es ist schon dunkel. Ich sammle. Auf Lockruf kommen die Rindviecher aufs Lager in die Putzchammer. Melken. Feierabend.»*
10. August 1975, Sonntag (kurz vor 10 Uhr nachts notiert Marco Camenisch neben Alltäglichem auf der Alp eine böse Vorahnung.) — *«Ich versuche, mich Vergangenem zuzuwenden, sozusagen um keine Zeit zu verlieren ... Pauli und seine Freundin Rosa Maria, La Espagnola, sind hier. Habe heute allein gehütet. Pauli machte ‹Sonntag›. Müde, mit Polenta vollgestopft. Am Wein trinken. Ich verheiratet mit Barla, weil sie ein Kind von mir erwartet. Ra und Maya (Deutscher Schäfer, bald jährig, hinkt vorne links, wahrscheinlich Kuhtritt). Bin ein wenig verliebt in eine Freundin von Barla.*

*Sitze auf dem Strohlager bei Kerzenschein. Hundegestank. Ra ist ein guter Treiber. Gesund, stark, treu, aber immer noch ängstlich. Barla, meine Ehefrau, Mutter meiner Tochter. Heisse Sache, eine Familie zu gründen, bei diesen Verhältnissen ... Aber trotz grosser Gefahr fand ich es verantwortbar, zu heiraten, vom Kind her gesehen das einzig Verantwortbare. Hoffentlich habe ich nicht aus Feigheit geheiratet.»*

Politisches findet man kaum in den Aufzeichnungen. Marco Camenisch ist Anfang 20 und wie viele Gleichaltrige mit sich selbst beschäftigt. Der letzte Eintrag im Tagebuch ist vom 12. August 1975 — *«Ich möchte das Haus ‹Zuzi› kaufen, als landwirtschaftlicher Ausgangspunkt und Heimat.»*

Während er von einem *Heimet* träumt, besetzen in Kaiseraugst AKW-Aktivisten seit Wochen das Baugelände und behindern die bereits begonnenen Aushubarbeiten. Zur selben Zeit ist in Camenischs engerer Heimat die Staumauer Gigerwald der Kraftwerke Sarganserland gebaut. Der Aufstau beginnt. Viele Bündner Bergbauern, Naturschützer, Fischer und Jäger machen die Faust im Sack. Marco Camenisch schlägt seinen eigenen Weg ein. Die Unsicherheit, das Leiden an sich selbst und an seinen Beziehungen ist vorüber. Aus der Zeit der «Ausreife», wie er diese Jahre nennt, geht der Überzeugungstäter hervor.

## Komplizen

Auf dem Stelserberg, über Schiers, im Weiler Prodavos, pachtet Camenisch im Herbst 1978 mit Kurt von Arb und Urs Tönz ein landwirtschaftliches Gehöft. Sein Vorhaben, das Haus «Zuzi» zu kaufen, hat sich zerschlagen. Ein Projekt in der Toskana wird nicht weiterverfolgt, ein Leben ohne Berge kommt für die drei Freunde nicht in Frage. Mit dem Gehöft Prodavos nimmt er einen neuen Anlauf, um sich, wie er dem Tagebuch anvertraut, eine *«landwirtschaftliche Ausgangsbasis und Heimat»* zu schaffen und sich den *«Traum von einem glücklichen Leben»* zu erfüllen.

Wie sieht dieser Traum aus? In einem Interview, das der in Berlin lebende Schweizer Schriftsteller Silvio Huonder 2001 für einen Dokumentarfilm von SF1 geführt hat, antwortet Camenisch: *«Ein gemeinschaftliches Leben mit ganzheitlichen Menschen, in einer intakten Umwelt. Gemeinschaftliche Selbstbestimmung in gegenseitiger Unterstützung, Wehrhaftigkeit und Fähigkeit zur Konfliktlösung, zum Zusammenhalt und zum Schutz der Gemeinschaft. Würdig leben und sterben, ohne Ausbeutung und ohne ausgebeutet zu werden. Genug eigenes gemeinschaftliches Land zur direkten Versorgung mit allen genügenden Lebensmitteln und zum Leben notwendigen Rohstoffen, keine Fremdbestimmung, keine Entfremdung. Nur Stämme werden überleben. Solange es noch Bäume geben wird ...»*

Auf Prodavos werden zur Sömmerung ein Pferd und ein paar Schafe gekauft. Für weitere Anschaffungen reicht das Geld nicht. Im Winter verdingt sich Camenisch als Hilfsarbeiter, im Sommer ist er auf der Alp. Das Gehöft Prodavos ist inzwischen zu einer Kommune geworden, wo auch Frauen und Kinder leben. Eines Tages, als Marco und Küde für einen kurzen Besuch von der Alp kommen, hängt ein Transparent am Hofeingang: «Männer raus, das ist ein Frauenhaus». Als die Frauen die betretenen Mienen der beiden Älpler sehen, freuen sie sich und lassen sie dann doch eintreten.

Nächtelang diskutieren die Kommunarden und ihre Besucher über die Repression des Staates, die Ausbeutung der Dritten Welt, die Verschandelung der Natur und die Macht der Konzerne. Marco Camenisch sagt: *«Im Haus in Prodavos haben sich meine politischen Ideen konkretisiert. Küde und Urs waren massgebend für meine politische Reife verantwortlich. Beide hatten in der Vergangenheit in militanten Kreisen verkehrt, verfügten über ein grosses revolutionäres Wissen und waren fähig zu scharfsinnigen Gesellschaftsanalysen.»*

Kurt «Küde» von Arb ist einer jener jungen Männer, die in den 70er-Jahren ihre politischen Kämpfe in den Städten aufgegeben und auf die Alp gezogen sind. Wie es zu seiner Stadtflucht kam, erzählt von Arb in der Zeitschrift ALPENJOURNAL: «Ich bin desertiert, und das schon vor langer Zeit. (...) Zuerst die Flucht aus einem Büro, direkt auf eine Baustelle. Auf dieser wurde – Ironie des Schicksals – eine Bank gebaut. Natürlich ist es illusorisch, zu glauben, dass man hier oben auf dem Berg ganz davon wegkommt, vom Kriegsgeschehen unten in den Städten.»

Urs Tönz' politische Sozialisation beginnt nach seiner Lehre als Fotograf in Basel, wo er ins Umfeld von Guy Barrier gerät. Barrier ist der Gründer der «H9», eine Grosskommune, bevölkert von Hippies, Heimzöglingen, Künstlern, Anarchisten und Politrockern der späteren Gruppe Rote Steine. Zu Tönz' engen Vertrauten zählt auch Jürg «Jüre» Wehren. Der Linksautonome, der wie Camenisch nach dem Abbruch des Gymnasiums Hilfsarbeiter wird, ist in der Migranten- und Dritte-Welt-Bewegung aktiv. Er unterstützt den bewaffneten

Kampf der Basken, der Palästinenser und lateinamerikanischer Rebellen. Wehren wird wegen «Besitz von Sprengstoff in verbrecherischer Absicht» zu fünfeinhalb Jahren Zuchthaus verurteilt. Das Verdikt gegen den Genossen Jüre wirkt abschreckend. «Irgendwann» habe ihm die «militante Zürcher Szene» Angst gemacht, sagt Urs Tönz. Deshalb sei er ins Bündnerland geflüchtet. Dort begegnet er Marco Camenisch. Sie werden Freunde und Weggenossen, allerdings nur, bis Tönz sieht, dass Camenisch Ernst macht mit Sprengstoffanschlägen.

Nicht nur auf dem Gehöft Prodavos auf dem Stelserberg wird Ende der 70er-Jahre heftig über politischen Widerstand, bewaffneten Kampf und bürgerlichen Mief diskutiert. Beliebter Treffpunkt der Unangepassten und jugendlichen Radikalen Graubündens ist das Restaurant «Falken» in Chur, ein grosses, lautes, verrauchtes Lokal. Im hinteren Teil hocken die Randständigen. Vorne tauschen Mittelschüler und Studenten ihr angelesenes Wissen über die Lehren von Marx und Engels aus. «Und je höher der Alkoholpegel, desto kühner die Ideen, wie die Revolution am besten anzuzetteln sei», sagt Küde von Arb.

Zu den häufig einkehrenden Gästen zählt der Liedermacher Walter Lietha, in dessen Buchhandlung NARRENSCHIFF der Arbeiter und Älpler Marco Camenisch häufig rumschmökert und sich nach Büchern von Bakunin, Durruti und andern Anarchisten erkundigt.

Am Karfreitag 1979 sitzt Marco Camenisch im «Falken», hinten, wo mehr gebechert und gekifft und weniger über die sinkende Profitrate des Kapitals und die daraus resultierende Revolution diskutiert wird. Camenisch kommt ins Gespräch mit einem jungen Typen, der häufig hier anzutreffen ist, der wenig redet, viel trinkt und manchmal ziemlich laut wird. Es ist ein kräftig gebauter, braungebrannter Mann mit breitem

Gesicht und krachendem Lachen. Das braune, halblange Haar ist leicht gelockt. Die Hände sind tellergross. Am Handgelenk trägt er Lederbänder und im Schlapphut, den er selten vom Kopf nimmt, stecken Raubvogelfedern.

Der junge Mann heisst René G. Moser, ist 21 Jahre alt und in einer siebenköpfigen Familie von Jenischen aufgewachsen, «in ungünstigen Verhältnissen», wie in den Gerichtsakten nachzulesen ist: «Die erste Klasse der Primarschule absolvierte Moser in Passugg. Die nachfolgenden Schuljahre musste er in der Hilfsschule verbringen. Nach der Schulentlassung arbeitete er einige Monate als Hilfsmetzger im Schlachthaus Chur. Mit 16 Jahren wurde er in die Erziehungsanstalt Kalchrain eingewiesen, weil er dem Elternhaus wiederholt entsprungen war und mehrere Diebstähle und andere Delikte begangen hatte.»

Nach der bedingten Entlassung aus der Anstalt arbeitet Moser bei einem Bauern als Knecht, dann als Taglöhner auf dem Bau, in einem Sägewerk, einer Abbruchfirma, bei der Müllabfuhr. Dazwischen absolviert er als Mitrailleur die Rekrutenschule in Chur. Zum Wiederholungskurs rückt er nicht ein. Wegen Fahrens im angetrunkenen Zustand, einfacher Körperverletzung, fortgesetzter Sachbeschädigung, Gewalt und Drohung gegen Beamte und Dienstverweigerung wird er wiederholt zu Bussen und Haftstrafen verurteilt.

Im Sommer 1979 wird ihm eine Stelle auf der Alp in Kunkels zugesichert. Nach einer Woche muss er jedoch wegen einer Entzündung der Magenschleimhaut herunter vom Berg ins Spital. «Das kam vom ewigen Saufen», sagt René Moser und erzählt, wie er nach der Genesung im «Falken» Camenisch getroffen habe. «Ich fragte, ob er Hilfe brauche. Ich hatte ja keine Arbeit. War nirgends zu Hause. Also bin ich rauf mit Marco auf die Alp, Röbi Hilfiker war auch dabei. Ab und an kamen Küde und Urs und diskutieren mit Marco vor der Hütte über den bewaffneten Widerstand. Hilfiker und ich haben derweil einen Joint gedreht oder Essen gekocht. Marco und ich haben uns nach dem Alpabzug geschworen, der NOK noch vor Ende Jahr so richtig eins auf den Deckel zu hauen. Für mich war es selbstverständlich, Marco beim Anschlag auf den Masten in Balzers und auf das Kraftwerk Sarelli zu helfen, denn die andern hatten inzwischen den Schwanz eingezogen, schreckten vor der Tat zurück. Marco ist in wenigen Wochen mein bester Freund geworden. Er hat mir meine Minderwertigkeitskomplexe ausgetrieben, mir zu einem Selbstwertgefühl verholfen. Er hat gesagt: «René, du bist ein echter Proletarier, was du kannst, ist wertvoll, wertvoller, als sieben Sprachen sprechen oder irgend so Kopfzeugiges zu tun.»

## Der abwesende Vater

Nach dem Alpabzug im Oktober 1979 lebt Marco Camenisch auf dem Gehöft Prodavos. Eine Stelle für die Wintermonate sucht er nicht. Er hat andere Pläne. Gelegentlich schaut er in Chur bei Barla und Lena vorbei. Er geht mit seiner kleinen, inzwischen vier Jahre alten Tochter spazieren oder fährt sie im Auto aus, hinauf auf die Höhenzüge des Vorderrheins, des Prättigaus und zum Calanda.

Heute ist Camenischs Tochter Lena Ende 30. Die Sozialwissenschaftlerin lebt mit Ehemann und Kindern in der Westschweiz. Ich treffe die aparte, zierliche Frau mit schwarzem Haar und dunklen, ernsten Augen zu mehreren Gesprächen in einer ruhigen Ecke eines Berner Hotelrestaurants. Gleich zu Beginn gibt Lena zu bedenken, dass sie kaum viel beitragen könne zur Biografie von Marco, «war er doch kaum präsent in meinem Leben».

Trotzdem werden ihre Erzählungen zu spannenden Schilderungen über das Leben mit einem abwesenden Vater, einem Vater, der durch seine verbrecherischen Taten und die Berichte in den Medien immer wieder in das Leben der Tochter einfällt.

Lena erzählt: «Ich habe nur undeutliche Bilder von Marco aus meiner Zeit als Kleinkind. Zum Beispiel erinnere ich mich, wie Marco in der Wohnung meiner Mutter in Chur auf der Ofenbank sass, der Hund zu seinen Füssen. Ich meine auch noch zu wissen, dass er mich mal mit dem Auto mitgenommen hat – auf dem Beifahrersitz und nicht angegurtet – und mich aufgefordert hat, mich zu ducken, als wir an einem Verkehrspolizisten vorübergefahren sind. Eine Situation, die mir einerseits als Abenteuer in Erinnerung geblieben ist, mich als Kleinkind aber auch überfordert hat.

Meine Mutter und meine Grossmutter mütterlicherseits waren die engsten Bezugspersonen in meiner Kindheit. Mit der Mutter von Marco, Annaberta, hatte ich ein weniger enges Verhältnis. Für Annaberta war ihr Sohn Marco das Ein und Alles, ein Mensch, auf den kein böses Wort, keine Kritik fallen durfte. Sie hielt ein Leben lang zu ihm. Ihre Mutterliebe war unerschütterlich und blieb es bis zu ihrem Tod. Für meine Mutter Barla war Marco der Mann, den sie geliebt hat, der jedoch seine Verantwortung gegenüber Frau und Kind nicht wahrgenommen hat und seinen eigenen Weg gegangen ist. Verurteilt hat sie ihn deswegen nie. Aber natürlich hat sie sich als Opfer gefühlt und ab und an habe ich das als Kind auch gespürt. Viel später wollte ich von beiden mal wissen, weshalb sie sich getrennt hatten. Marco sagte, er habe meine Mutter mit mir von der Alp weggeschickt, um uns zu schützen. Barla dagegen ist der Meinung, Marcos Gefühle und Verantwortung gegenüber seiner jungen Familie seien ganz einfach schwach gewesen. Ich war im Kindergarten, als mein Vater erstmals im Gefängnis sass. Zum letzten Mal gesehen habe ich ihn mit vier.»

Und dann dauert es 23 Jahre, bis sich Vater und Tochter wiedersehen – im Besucherraum des Gefängnisses Pfäffikon.

Im Spätherbst 1979 ist die Stimmung auf Prodavos gekippt. Einer der Kommunarden sagt Marco offen heraus, dass er vor der Gewalt im Kampf gegen Kraftwerke zurückschreckt. Die andern setzen sich schleichend ab, als sie sehen, dass Camenisch die Vorbereitungen für einen Anschlag vorantreibt.

Haben die Genossen das Gemässigte in sich entdeckt? Oder fürchten sie sich vor den Konsequenzen, bei einem Anschlag mit Sprengstoff? Klare Antworten gibt es nicht: Urs Tönz spricht davon, wie ihm «plötzlich *Gschmuch*» geworden sei, als er sah, dass nach dem langen Reden nun die Tat folgen sollte.

Küde von Arb sagt, er habe bereits im Sommer gewarnt vor einem Sprengstoffanschlag. So richtig bange sei ihm aber geworden, als er sah, wie Marco hinter dem Hof mit einer Waffe rumballerte. Marco habe spätestens im November gewusst, dass er keine aktive Unterstützung kriege von den alten Weggefährten. Dies beweise auch der Satz, den er ihm wenige Tage vor der Tat an den Kopf geworfen habe: «Militante Aktionen kannst du nur mit Leuten machen, die das Gesetz nicht fürchten, mit Leuten wie René, nicht mit Leuten, wie du und Urs es sind.»

Marco Camenisch trägt fortan eine Waffe auf sich, sieht sich als militanten Kämpfer und treibt die Vorbereitungen für die Sprengstoffanschläge alleine voran. Wie aus den Polizei- und Gerichtsakten hervorgeht, handelt es sich bei den Vorbereitungen vor allem um Beschaffungskriminalität. Im Frühjahr entwendet er auf einer Baustelle in Chur, wo er als Handlanger angestellt ist, Sprengstoff der Marke «Gelatine A» und «Gelatine C» sowie einige Knallzündschnüre. Ende April bricht er um Mitternacht in der Lenzerheide in die Talstation des Skiliftes Scharmoin und entwendet drei Kartonschachteln mit insgesamt 70 Patronen Sprengstoff der Marke «Alpinit Gotthardit 100», insgesamt 105 Kilo schwer. Weiter stiehlt er drei Ordonnanzkoffer, in denen sich je drei Minenwerfergeschosse befinden. Mit einem Rettungsschlitten transportiert er die Ware über die Skipiste nach Valbella. Ende Mai bricht Camenisch ins Schützenhaus in Malans ein. Dort behändigt er 6601 Gewehrpatronen GP11, 840 Stück Ordonnanz-Pistolenmunition 7,65 mm, 400 Stück Ordonnanz-Pistolenmunition 9 mm und 50 Stück Kleinkalibermunition. In den Gerichtsakten steht dazu: «Camenisch gab an, diesen Munitionsdiebstahl in der Absicht begangen zu haben, ein Lager anzulegen, *‹damit bei allfälligen bewaffneten Auseinandersetzungen in einer Massenbewegung Munition vorhanden wäre›*.»

Ab Juli nehmen Moser und Hilfiker an den Raubzügen teil. Auf der Alp Albin in Andeer, wo ein Fahrweg durch den Wald geschlagen wird, entwenden sie 100 Stück Aluminium-Sprengkapseln mit drei Meter langen, zweiphasigen Kabeln, eine Zündmaschine und ein auf einer Haspel aufgerolltes Zündkabel. Auf dem Maiensäss Sotfanas, das zu dieser Zeit von Urs Tönz bewirtschaftet wird, führen Camenisch und Moser Zündversuche durch. Aus mehreren Räumlichkeiten der Mittelstation «Känzeli» der Luftseilbahn Chur-Brambrüesch stehlen Camenisch und Hilfiker acht Funkgeräte, vier Ersatzbatterien, ein Ladegerät und eine Werkzeugtasche. Und als das Diebestrio knapp bei Kasse ist, knackt es einen Panzerschrank, klaut Waren des täglichen Bedarfs sowie Luxusartikel für den Weiterverkauf: Lebensmittel, Schuhe, Stereoanlage, Autoradio, Wein, Spirituosen, Cannabisblüten, ein Fahrrad, Benzin, Pelzmäntel und vier Elefantenstosszähne.

Zwischen den Einbruchdiebstählen arbeitet Camenisch immer wieder als Taglöhner. Am 21. Dezember 1980 lässt er seinen Lohn für die Arbeit bei der STRABAG in Zürich, ingesamt 308 Franken 65 Rappen, an seine Ehefrau Barla überweisen. Dann verabschiedet er sich und macht sich bereit für den Anschlag auf das NOK-Kraftwerk Sarelli.

In St. Gallen wird er verhaftet, als er bei Hilfiker seinen Anteil am Elefantenzahn-Erlös eintreiben will.

Die Einzelzellen im Untersuchungsgefängnis Klosterhof in St. Gallen, in die Camenisch und Moser nach ihrer Verhaftung eingeschlossen werden, sind zwei auf vier Meter gross, mit einem kleinen vergitterten Fenster und einer schweren Metalltüre. Mobiliar: ein Tisch, ein Stuhl, Ablagebrett, ein Bett. In der Ecke steht die Abortschüssel. In einem «*Brief an Freunde von Marco aus dem Knast*» heisst es: «*Verhaftung*

*8. Januar. In den ersten Nächten alle zwei Stunden Licht an. Duschen nein. Schmerzender Zahn sofort gezogen. Nach etwa einer Woche zunehmender Zellenhorror. Klein und eng, gar nicht wie auf der Alp. Halluzis.»*

Nach zwei Tagen der totalen Isolation beginnen am 10. Januar 1980 die Einvernahmen. Camenisch und Moser machen keine Aussagen. Sie schweigen, obwohl sie aufgrund der Fragen sofort erkennen, dass sie «verraten» wurden.

Camenisch erträgt die Isolation in der engen Zelle schlecht und die Verhöre durch die Bundespolizei erlebt er als psychische Tortur. Er halluziniert, schreit nach Barla und der Mutter, schlägt sich den Kopf blutig an der Zellenwand. 24 Stunden eingeschlossen zu sein, ohne Kontakt zur Aussenwelt, ohne Gespräche, ohne Betätigung, das hält er nicht aus. «Am 14. Januar machten sich bei M. Camenisch Anzeichen einer geistigen Störung bemerkbar», hält die Bundesanwaltschaft in einer Aktennotiz fest. «Die zuständige Bezirksärztin Dr. M. Tobler diagnostizierte eine akute Psychose, welche spitalärztliche Betreuung erforderte. Der Beschuldigte wurde daher in die Gefangenenabteilung des Inselspitals in Bern überführt.

Nach ein paar Tagen und einer Menge Psychopharmaka wird Camenisch vom Inselspital Bern zurück ins Untersuchungsgefängnis St. Gallen gebracht. Einige Tage später meldet ein Zellennachbar dem Nachtdienst durch die Gegensprechanlage, in Camenischs Zelle sei es seit Stunden totenstill. «Nach dieser Meldung begab ich mich unverzüglich nach der Zelle 13», rapportiert Kantonspolizist Christof Pfäffli. «Ich fand Camenisch auf dem Tisch liegend mit den Füssen auf dem Zellengitter abgestützt. Die linke Hand hatte er leicht ausgestreckt und blutete beim Handgelenk. Der Zellenboden sowie die Abortschüssel waren stark blutverschmiert. Anschliessend wurde Camenisch Marco in die Notfallstation des Kantonsspitals St. Gallen verbracht (...). Die zugefügte Verletzung war nicht gross und konnte ambulant behandelt werden. (...)»

Marco Camenisch behauptet, er habe das Irresein simuliert, um in eine psychiatrische Klinik verlegt zu werden. Begründung: *«Aus einer Spinnwinde lässt sich besser ausbrechen als aus dem Knast.»* Später wird er einem Freund schreiben: *«Das Irresein beginnt, wenn der Widerstand aufhört.»*

Im Nachhinein bezeichnet Camenisch seinen vorgetäuschten Selbstmordversuch als naiv, dilettantisch, kontraproduktiv, *«ja sogar schädlich, weil es entmutigt und Mitangeklagte zum Zusammenbruch bringen kann»*.

Die Bundespolizei setzt René Moser beim nächsten Verhör von den Selbstmordversuchen Camenischs in Kenntnis und fordert ihn zu einem umfassenden Geständnis auf. Das ziehe Hafterleichterung nach sich und falle bei der Strafzumessung positiv ins Gewicht. Vor allem aber würde dies den psychischen Druck und die Gefahr eines Suizids seines Freundes Marco entscheidend vermindern. «Als ich das hörte, habe ich gestanden», sagt Moser. «Allerdings habe ich nicht mehr erzählt, als sie eh schon wussten.»

## «Züri brännt!»

Nach zwei Monaten in Untersuchungshaft werden Camenisch und Moser am 11. März 1980 von St. Gallen in die Kantonale Strafanstalt Sennhof verlegt. Das Gefängnis liegt in der Churer Altstadt, zwischen Bischofssitz und Regierungsgebäude. Es wird gleich nach der Ankunft der Sprengstoffattentäter von 30 zumeist vermummten Sympathisanten belagert. «Freiheit für Marco und René» steht auf den Bannern, die sie mit sich tragen. Durchs Megaphon schreien sie Klassenkämpferisches.

Es ist die erste von vielen Dutzend Kundgebungen, die in den nächsten Jahrzehnten an allen Orten der Inhaftierung Camenischs stattfinden werden. Den Bündner Behörden fährt der Aufmarsch der Bewegten in die Knochen. So etwas haben sie noch nie erlebt, das kennen sie nur von Fernsehbildern aus dem «brennenden Zürich». Ein Grossaufgebot der Polizei stellt Ruhe und Ordnung in der Bündner Hauptstadt wiederher.

Marco und René, im Sennhof hinter dicken Mauern eingesperrt, haben den Aufmarsch vor dem Tor mitbekommen und freuen sich. Wer genau die Besucher waren, wissen sie zwar nicht, vermuten diese aber aus Zürich. In einem Brief an eine Bekannte aus Zürich dankt René Moser der *Bewegig* für ihre Solidarität und ihr Stelldichein bei «zwei Bündner Kuhhirten». Er hoffe, dass die Zürcher Jugend gewinne, den Herrschaften den Garaus machen möge, «aber nicht zu schnell, damit in der Bankenstadt noch ein paar grosse Fester stattfinden».

Am Samstagabend des 30. Mai 1980 versammeln sich Hunderte von Jugendlichen auf dem Zürcher Sechseläutenplatz «zu einem unvergesslichen Opernabend», wie es auf einem Flugblatt heisst. Doch das Stück, das an diesem Abend im barocken Konzerthaus gespielt wird, *La Sonnambula* von Bellini, interessiert die Demonstranten nicht. Sie wollen vielmehr gegen einen Opernhauskredit von 60 Millionen Franken demonstrieren, über den die Zürcher Stimmbürger zu befinden haben. Die Jugendlichen stellen sich vor den Eingang des Opernhauses und entrollen ein Transparent mit der Aufschrift: «Wir sind die Kulturleichen der Stadt». Mit Megaphon, Pauken und Trompeten fordern sie mehr Geld für die Alternativkultur und verlangen ein Autonomes Jugendzentrum AJZ, und zwar «subito!»

Eigentlich ist eine friedliche Manifestation geplant. Doch noch bevor das Publikum die Oper verlassen kann, marschieren fünf Dutzend Polizisten auf. Die ersten Pflastersteine und Baulatten fliegen gegen die Ordnungshüter.

Die Demo artet in Strassenkämpfe aus und dauert das ganze Wochenende. Die NEUE ZÜRCHER ZEITUNG (NZZ) zieht am Montag, 2. Juni Fazit: «Ein toter Polizist, Kreischef 1 der Stadtpolizei, Peter Kellerhals, hatte während des Einsatzes einen Herzkollaps erlitten, zerstörte und geplünderte Ladengeschäfte, das Limmatquai ein verlassenes Schlachtfeld.»

*«Züri brännt!»* Marco Camenisch schickt eine Solidaritätserklärung an *d'Bewegi»,* wünscht viel Erfolg für weitere Aktionen. Er persönlich habe *«nach kurzzeitiger Stockstarre durch Verhaftung und Isolationshaft»* den Widerstand wieder aufgenommen. Er werde den Kampf *«gegen das, was uns kaputt macht»,* mit voller Kraft weiterführen.

Das Gefängnis Sennhof ist ein geschlossener Ort mit strengen Regeln und wenig Freiheiten. *«Doch»,* schreibt Camenisch, *«Widerstand ist auch hier und von hier aus möglich, trotz Repressalien.»* Er fordert in einer Petition an das Polizei- und Justizdepartement für die Häftlinge das Recht, nicht nur werktags, sondern auch sonntags einen Spaziergang im Hof machen zu dürfen. Zudem weigert er sich zu arbeiten. Er bleibt deshalb den ganzen Tag in der Zelle eingeschlossen. Camenisch verlangt den Status «Kriegsgefangener». Und er schweigt bei den Einvernahmen, lehnt jede Kooperation mit den Straf- und Justizbehörden ab, lässt sich weder psychiatrisch begutachten noch verfasst er einen handschriftlichen Lebenslauf, wie dies die Staatsanwaltschaft verlangt.

Nach einem halben Jahr rückt Marco Camenisch von der selbstgewählten Totalisolation ab und arbeitet in der Schlosserei. Im erwähnten «*Brief von Marco an Freunde aus dem Knast*» schildert er stichwortartig seine Zelle und den Alltag hinter den Gefängnismauern: «*Zelle einzeln mit Alarmgitter, feinmaschigem Drahtgitter, Sichtblenden, fünf bis sechs rechteckige Milchglasscheiben, nach aussen geneigt, streifweise Blick auf Calanda und Himmel. Ausser Sonntag halbe Stunde Spaziergang, Hof mit Grünzeug, Rasen betreten verboten. ... Arbeit, fünf Tage an acht Stunden. Einmal Fernsehen. Einmal Spielabend ... Sonntags auf der Stelle treten, ausnahmsweise nachmittags Fernsehen. Frass ok. Zweimal duschen ... Anwalt unter vier Augen sprechen, immer ... Briefkontakte zensuriert. Am Anfang Verzögerungen, jetzt subito. Zensur von Literatur und Zeitschriften: nix* STILETT, SUBITO *(Publikationen der Zürcher Jugendbewegung).* TELL *bis jetzt erhalten (linke Schweizer Zeitschrift, 1985 eingestellt). Bibliothek reichhaltig, verschiedensprachig. Gewisse Autoren entschärft (Jack London, Traven). Persönliches, Psyche: Lethargie. Auf und ab 4 Meter lang, Wichs- und Aggressionsorgien, zeitweilige Fresslust. Körper: erhöhte Pulszahl, Muskelschmerzen vom ‹ummahocka›. Einvernahmen: anständiger Ton, psychologisch geschickt. Aussensicht: Die Weltwirtschaftsoligarchie siegt und siegt, bis sie sich selber mitbesiegt, vernichtet hat. Man kann wohl sagen, ‹denn sie wissen nicht, was sie tun›. Darum ist in mir für Hass kein Platz, für Wut im Bauch allerdings schon. Anarchogrüsse, Marco.*»

René Moser ist für die Bündner Untersuchungsrichter und Strafvollzieher pflegeleichter. Er faltet zur Zufriedenheit der Aufseher tagsüber leere Postsäcke und hält sich strikte an die Hausordnung. Er lässt auch die psychiatrische Begutachtung zu, die in seiner Wahrnehmung wie folgt abgelaufen ist:

Kommt einer vorbei mit irgendwelchen Tests und fragt mich irgendwelche Sachen.
**Er: Trinken Sie viel Alkohol?**
Ich: Nein, es gibt keinen hier.
**Er: Ich meine vorher, draussen?**
Ich: Es ist schon mal vorgekommen, dass ich einen Knall hatte.
**Er: Alkohol ist aber nicht gesund.**
Ich: Das weiss ich.
**Er: Wieso trinken Sie dann?**
Ich will's ihm erklären, er geht aber nicht darauf ein, fragt mich wegen klauen und so.
Ich will's ihm erklären, aber es interessiert ihn nicht.
Etc. Dreiviertelstunde.

«Was mich schafft, ist nicht, dass er mir nicht zuhören konnte oder wollte, sondern die Schau, die er abgezogen hat, völlig auf speed, Brille fressen, Nasenbohren und solchen Quatsch. Und so einer schreibt nachher ein psychiatrisches Gutachten über mich, einer, der bei mir den Eindruck hinterlassen hat, selber zu spinnen. Ist also kein Wunder, wenn nachher zu lesen ist: ‹Eine Bevormundung wäre zu befürworten.› Ich fühle mich noch sehr stark verfolgt als Zigeuner. Das wäre ja vielleicht ein Thema gewesen für den Herrn Gutachter. Meine Grosseltern sind zwangsangesiedelt worden. Weshalb sich meine Eltern damit abgefunden haben, ist mir nicht klar. Und dass ich mich damit abfinden soll und zu Zwangsarbeit erzogen werde, auch nicht.»

Einem Freund und Schicksalsgenossen aus der Zeit in der Arbeitserziehungsanstalt schreibt Moser: «Am meisten Mühe macht mir die kurze Besuchszeit, alle zwei Wochen eine Stunde – unter Aufsicht, versteht sich. Von dieser Aufsicht wirst du dann, wenn du wieder spürst, weshalb du zusammengehörst, weggerissen mit den Worten: ‹*Mir bräched jetzt ab!*› Wir könnten ja auch mal abbrechen, so ein paar Mauern weniger würden das Bild nur verschönern. Also, Knäste auf! Dann zu!»

Am 25. Mai 1980, nach viereinhalb Monaten Haft, verfasst René Moser einen «Brief aus Chur». Es ist eine Reaktion auf den Besuch der Zürcher Freundin M. F., die ihm bei der am Vortag stattgefundenen Begegnung im Gefängnis Sennhof gesagt hat, er sehe schwach aus, sei bleich und wirke sehr nervös. Das ausführliche Schreiben des damals 22-jährigen Sträflings ist eine minutiöse Schilderung des Gefängnisalltags und der Befindlichkeit eines jungen Häftlings. Auszüge:
«5.45 — Schaltet das Radio ein, hab meistens einen guten Sender drin. Da hört man beispielsweise Reggae, Bob Marley's *Stand up!* (steh auf, steh auf für dein Recht!).
6.30 — Ratsch, Klappe runter und Frass rein; ratsch, Klappe zu. Kommt ganz drauf an, welcher gerade Dienst hat. Der eine grüsst, der andere ist sauer und würde am liebsten deinen Kaffee vergiften.
6.50 — Ratsch, Klappe runter, leeres Geschirr raus. Sind zwar Blechtöpfe, wie auf Prodavos für die Hunde. Ratsch, Klappe zu.
7.00 — *Rrrilk, rrrilk,* Türe auf, nach 13 Stunden. Aschenbecher, Papierkorb leeren. *Bomm!,* Türe wieder zu.
7.15 — *Rrrilk, rrrilk,* Türe auf. Dann geht's runter, um die Arbeitskleider anzuziehen. Siehst die ersten Mitgefangenen: Guten Morgen und so. Alle haben flache Gesichter, ertrage ich nicht. Also was machen? Fluchen nützt nichts. Also ein bisschen

den gefangenen Narren spielen, irgendwelche Sprüche und Spässe machen zur Aufmunterung der Kumpels und vor allem deiner selbst. Irgendwelche Blödeleien über die Lippen zu bekommen, fällt mir nicht schwer. Die meisten erzählen gerne von Ladys oder das wäre schön oder mit dieser wäre die Haft auch ringer. Da fängst auch du an, an irgendwelche Mädchen zu denken; die eine Brusthälfte ist auf einmal ganz anders. Halt, halt, das geht nicht, da fängt ja auch noch der Kopf so komisch zu surren an. Was machen? Hast ja Frank Zappa gehört. Was singt der so? Irgendwas von Sweet Girls und Pornoladys. Automatisch tust du einen Riesenschrei (Sweet girls und Pornoladys); was passiert? Ein Riesengelächter. Puh, das Schreien hat gut getan, und dann siehst du wieder lachende Gesichter. Geht aber nicht lange, kommt schon der Erste im Berufsmäntelchen. Heh, Moser, was ist los? Ich: Alles, was nicht angebunden ist. Wieder Gelächter, der andere sauer und ich einen schwarzen Punkt. 7.30 gehst an deine Arbeit. Postsäcke zusammenlegen. Gefällt mir nicht besonders. An den andern Arbeitsplätzen grosses Gerede über mich. Die einen gut, die andern schlecht (egal). Gibt sogar welche, die gemerkt haben, dass ein bisschen schreien gut tut, um Aggressionen und Unstimmigkeiten loszuwerden. Da, auf einmal ertönt aus einer Ecke ein Schrei à la Zappa. Da kommt er schon wieder, der mit dem Mäntelchen. Heh, Moser, du machst ja die ganze Anstalt verrückt. Ruhe oder du gehst auf die Zelle.
9.30 — Pause. Tee oder Wasserkakao. Kam einer auf die Idee, selber zur Pause zu schreien. Hättest den im Mäntelchen sehen sollen. Dem Weinen war er nahe. Ist aber auch gemein, ihm die einzige Arbeit wegzunehmen, die er den ganzen Morgen hat, nämlich zur Pause zu schreien.
9.45 — Zurück an die Arbeit. Die Aufforderung dazu überlasse ich dem Mäntelchen.

11.30 — Geht's wieder rauf in die Zelle. Der Hundetopf steht schon auf dem Tisch. *Bomm!* Türe zu.
12.00 — Ratsch, Klappe runter, Geschirr raus, ratsch, Klappe zu. Da bist du wieder drin, allein. Halt, Unterbrechung. Ratsch, Klappe runter. Was kommt denn da rein? Ein Päcklein. Ich stehe auf und sehe nach: Das ist ja ein Paket! Der mit dem Mäntelchen bekommt es fast nicht durch die Luke. Aber die Tür bleibt zu. Geht doch die Verpackung kaputt. Wohin mit all den feinen Sachen. Ich sehe schon die Schlagzeilen in BÜNDNER ZEITUNG: «Über Pfingsten im Sennhof zu Tode gefressen.» Oder: «Könnte entlassen werden, kommt aber nicht mehr zur Zellentür raus.» Machst mal ein paar Liegestütze und sonst noch ein paar Übungen mit den Füssen, in Kopfhöhe gegen die Wand.
13.15 — Geht's wieder runter an die Arbeit. Nachmittags sind andere Mäntelchen anwesend. Dabei möchte ich sagen, dass nicht alle Schlitzohren sind. Hat ganz gute Kerle darunter, die auch mal einen Spass vertragen.
15.30 — Pause. Tee oder Wasserkakao. Nachmittags ist es meistens ruhiger als am Morgen.
17.30 — Feierabend. Rauf in die Zelle. Hundetopf steht natürlich auf dem Tisch. *Bomm!* Türe zu, *rrrilk, rrrilk,* da sitzt man wieder – müde, keine Spur von was.
18.00 — Ratsch, Klappe runter, Geschirr raus, Zeitung? Ja. Ratsch, Klappe zu.
18.30 — Ratsch, Klappe runter, Zeitung raus. Hier, einen Western. *O wai, o wai.*

Schön ist, wenn man Besuch bekommen hat und dazu noch ein Buch. Ab und zu legt man es mal weg und macht sich einen Kaffee oder raucht und trinkt einen Sirup. Kaffeepulver kann man bestellen. Eine Tasse und Tauchsieder, schon hat man eine Espresso-Bar. Donnerstag und Samstag kann man so anderthalb Stunden raus, für TV oder Jassen. Sonntag ist Ruhetag. Und dabei erschrickst du, liebe M., dass man nicht aussieht wie in den Ferien. Auch meine Nervosität habe ich dir jetzt vielleicht erklären können. Ich weiss ja nicht, wie ihr draussen über mich, über uns denkt.»

Im September sind die Einvernahmen abgeschlossen. Marco Camenisch hat die Delikte überraschenderweise gestanden, aber keine Mittäter genannt. Wegen Kollisionsgefahr darf er keinen Kontakt zu seinem Komplizen Moser haben. Es gelingt ihm dennoch, dem Freund und Mitangeklagten in einem Kassiber (heimliche Notiz) mitzuteilen, dass er vor Gericht keinerlei Aussagen zum konkreten Tathergang machen werde.

Die Ermittlungsakten gehen an Willy Padrutt, oberster Bündner Staatsanwalt. Der Ankläger ist sehr angetan von den gelieferten Unterlagen. Polizei und Untersuchungsrichter haben ganze Arbeit geleistet. Ende Oktober liefert der Padrutt dem Gericht eine 75 Seiten dicke Akte, die neben zwei Sprengstoffanschlägen auch 80 weitere Delikte beinhaltet: Diebstähle, Sachbeschädigung, Hausfriedensbruch – das meiste «gewerbsmässig und fortgesetzt» begangen. Selbst kleinere Delikte kann der Staatsanwalt in die Anklage aufnehmen: Camenisch und sein Gehilfe Röbi Hilfiker sind am 26. Mai 1979 zwischen Bad Ragaz und Chur zu zweit auf einem Velo gefahren. Moser, Hilfiker und Camenisch haben «im Verlaufe des Jahres 1979 an nachfolgend aufgeführten Orten mehrere Male allein oder zusammen mit andern Personen Haschisch geraucht: a) Chur und Arosa, b) Alp Albin, c) Bad Ragaz. Akte 1980/253, Seite 61.»

Der Akte liegt auch der Führungsbericht von Alfred Obrist, Vorsteher der Strafanstalt Sennhof, bei. Obrist bescheinigt Camenisch pflichtbewusstes Arbeiten in der Schlosserei und gutes Betragen. «Er gab weder der Anstaltsleitung noch dem Anstaltspersonal Anlass zu irgendwelchen Klagen. Seine auffallend ruhige Verhaltensweise als Aussenseiter fällt dadurch auf, dass er in der Freizeit und während der Arbeit nur mit gewissen Insassen Kontakt pflegt.»

Camenisch und Moser wissen, dass sie mit mehrjährigen Gefängnisstrafen rechnen müssen. Die Rede ist von fünf, im schlimmsten Fall sieben Jahren. Sprengstoffanschläge, so ihre Pflichtverteidiger, seien ein Gewaltdelikt, das vom Staat streng geahndet werde. *«Was mich im Augenblick beschäftigt»*, schreibt Marco Camenisch im November, *«ist das Schlusswort oder die Mitmacherverweigerungsbegründung vor Gericht. Das liegt mir auf dem Magen, so wie ein Aufsatz in der Schule. Die Adressaten meiner Erklärung werden weder Richter noch Bürgerliche und deren Presseschmier sein, sondern ihr, der linke Kuchen, und die vielen anderen mit Mühsal Vergifteten und Belasteten. Ich bin mir zwar meiner minimen Wirkung und Bedeutung bewusst, nicht destotrotz ist es eine Herausforderung, von der ich noch nicht so recht weiss, wie ihr begegnen.»*

Nächtelang brütet der Häftling Camenisch über der Erklärung, liest Bücher von indigenen Völkern und ihren Weisheiten im Umgang mit der Natur. Er vertieft sich in Schriften, die der Frage nachgehen, was höher einzuschätzen ist: das Gesetz des Staates oder das Gewissen des Individuums, darunter die Abhandlung von H. D. Thoreau *Über die Pflicht zum Ungehorsam gegen den Staat* (Anhang 1, Seite 181).

Die Verhandlung gegen Camenisch, Moser und Hilfiker vor dem Kantonsgericht Graubünden in Chur ist auf den 26. Januar 1981 angesetzt. In Zürich, Bern und Basel wird das Datum in Flugblättern bekannt gemacht: «Die Klassenjustiz schlägt zu! Seit einem Jahr in U-Haft fertiggemacht und isoliert. Widerstand gegen die Justizmafia und die Hochsicherheitstrakte – Solidarität mit allen Strafgefangenen!» Im EISBRECHER, der Zeitung der Zürcher Jugendbewegung, steht kurz vor Weihnachten: «Die Herren Richter in Chur wollen am 26. Januar 1981 ungestört zwei Menschen kaltmachen, für die nächsten Jahre, vielleicht fürs Leben. Lassen wir Marco und René nicht im Stich! Sie gehören zu uns!»

So wird Marco Camenisch, Sprengstoffattentäter im Bündnerland, zu einer Art «Che Guevara» der Zürcher Bewegten. «Freiheit für Marco!» oder «Freiheit für Camenisch» ist überall gesprayt, auf der Fassade des AJZ, des Autonomen Jugendzentrums Zürich, oder der Berner Reithalle und bald auch auf Mauern in Berlin und Hamburg, und als *«Free Camenisch»* oder *«Libertad por Camenisch»* in New York, Barcelona und Buenos Aires.

Montag, 26. Januar 1981. Der Reporter Erwin Koch hat den Prozessbeginn im MAGAZIN (14/91) so beschrieben: «Ein halbes Dutzend Junge lärmten im ehemaligen Herrschaftshaus derer von Salis und hielten brennende Kerzen in der Hand, Polizisten standen vor dem Gerichtsgebäude, prüften Taschen und Säcke, als um 9 Uhr der Prozess begann. Marco Camenisch, langes Haar, langer Bart, hatte sich einen roten Stern auf die Stirn gemalt, er kaute Gummi, dass alle, die im Barocksaal harrten, seine Verachtung für das Kommende spürten. An der Decke zog, in bunter Dispersion, der Sonnengott mit den vier Horen auf, im Rücken der fünf Richter glänzte Ölgepinseltes, Moses mit den Gesetzestafeln. R. M. bat, seinen Sessel drehen zu dürfen, damit er während der Verhandlung statt der strengen Mienen der Rechtsgelehrten die Gesichter der Zuhörer sähe.»

Der Auftakt, wie Koch ihn beschreibt, läuft ganz nach dem Gusto von Marcos und Renés Sympathisanten: hier der Held, mit dem Anarchistenstern auf der Stirn, daneben der rebellische Zigeunersohn Moser, der den Herrschaften den

Rücken zuwendet. So etwas hat sich das Hohe Gericht zu Chur noch nie gefallen lassen müssen.

Moser und Hilfiker bestätigen die in der Untersuchung gemachten Angaben und Geständnisse. Camenisch verweigert jegliche Aussagen. Während der Befragung lehnt er sich im Stuhl zurück, scheinbar abwesend. Hilfiker sitzt steif und still. Moser, der mit seinem Stirnband und den gelockten Haaren ein bisschen aussieht wie der Indianerhäuptling und Schamane Geronimo, wippt nervös mit den Beinen auf und ab. «Halten Sie sich endlich still!», herrscht ihn der vorsitzende Richter Alex Schmid an. Einen Augenblick ist es totenstill im Saal. «Du Arschloch!», schreit einer von der Tribüne.

«Wundert es Sie, dass ich nervös bin?», fragt Moser den Gerichtspräsidenten. «Schliesslich geht es hier um mein Leben, wie soll ich da ruhig sein?»

Als ein psychiatrisches Gutachten über René Moser verlesen wird, sind von den Rängen Buhrufe zu hören. Einer schreit «Faschisten!». Schmid droht, den Saal räumen zu lassen. Der Psychiater F. Keller erwähnt einleitend, dass sich Moser geweigert habe, den Rorschachtest zu machen, attestiert ihm dann psychopathische Haltlosigkeit und intellektuelle Insuffizienz. «Bruchrechnungen nicht gewachsen», «Text in infantilem Duktus abgefasst». Abschliessend hält der Gutachter fest, der Untersuchte sei «ausgiebig tätowiert», eine Bemerkung, die für grosse Heiterkeit sorgt auf den Rängen.

Als René Moser am Ende der Vorhaltungen gefragt wird, ob er seine Taten bereue, antwortet er: «In diesem Jahr unter dieser Repression musste ich zum Schluss kommen, dass mir gegen diese Gewalt nur Gewalt als Mittel bleibt. Für mich war dieses Jahr verdammt lehrreich. Ich habe erfahren, wie Eingesperrtsein den Menschen verändert, quält, bricht, erniedrigt und Stück für Stück tötet.»

Auch Camenisch erhält die Erlaubnis, sich zu äussern. Er spricht zuerst ein kurzes, selbst gereimtes Gedicht:

*Ihr gebt Menschen und Tieren nicht acht*
*drum wundert euch nicht, wenn's kracht.*
*In Erwägung, ihr hört auf Kanonen*
*andre Sprachen könnt ihr nicht verstehen*
*haben wir beschlossen, ja es wird sich lohnen,*
*die Kanonen auf euch zu drehen.*

Anschliessend verliest er seine in vielen Nächten verfasste Rede «Friede den Hütten – Krieg den Palästen und Knästen». Den Titel hat Camenisch, ergänzt um das Wort «Knäste», dem HESSISCHEN LANDBOTEN entlehnt. In dieser Flugschrift ruft der politische Agitator, Frühsozialist und Dramatiker Georg Büchner 1830 das Volk zum Sturz des Grossherzogs von Hessen-Darmstadt auf. Camenischs 20 Seiten lange Erklärung wird als *Churer Manifest* in Alternativ- und Szenenblättern nachgedruckt. Das BRECHEISEN, Nachfolgeblatt des EISBRECHERS, publiziert das volle Manifest als Serie.

Auszüge aus Camenischs Rede vor dem Kantonsgericht Chur: «Friede den Hütten – Krieg den Palästen und Knästen» *«Wenn ich hier ein langes Palaver vom Stapel lasse, so nicht, um zu rechtfertigen, nicht um für Gnade zu winseln. Nicht um zu beweisen oder zu behaupten, wir hätten absolut richtig gehandelt. Aber um klarzustellen, dass wir der Überzeugung sind, strategisch richtig gehandelt zu haben, dass wir als Betroffene, Angegriffene geantwortet haben auf den Zerstörungskrieg des Kapitals. Dass wir dieses Gericht nicht anerkennen. Dass wir trotzdem hier sind, damit es der Klassenjustiz nicht allzu leicht fällt, uns mit Schmutz zu bewerfen, uns als Psychopathen, Gemeingefährliche, irregeleitete Marionetten unauffällig in ihren Betonsärgen verschwinden zu lassen. (...) Unsere Aktion war ein Protest gegen die Zerstörung des natürlichen*

*Bündens, gegen die Kolonisation einer Region durch die NOK mit Hilfe ihrer Steigbügelhalter aus der Bündner Obrigkeit. Es war der Angriff gegen eine Firma, die Teil der Elektrolobby ist. Diese Mafia ist verantwortlich für den Bau von AKW, für die Errichtung eines Atomstaats. (...) Friedliche Protestbewegungen laufen am staatlichen Gewaltmonopol, am Polizeihaufen auf, versickern in der Bürokratie oder dem parlamentarischen Demokratismus. Alternativen werden ganz einfach von der Wirtschaft sozusagen aufgekauft, gewinnbringend von dieser oder von Politikern als Beispiel der Vielseitigkeit und Freiheit unseres Systems verkauft. (...) Ein Mensch, der die Totalität des Anspruchs und Vorgehens des Kapitals und des Staates begreift, der die Auswirkungen und damit verbundenen null Zukunftsaussichten ehrlich und realistisch einzuschätzen vermag, muss wohl oder übel einsehen, dass er kämpfen muss. (...) Dass es nicht genügt, am Stammtisch revolutionäre Theorien aufzustellen, dass es nichts nützt, sich nach Indien oder auf die Alp zu verkrümeln, die Scheisse holt dich überall ein. (...) Die Lebensweise, die als westliche Zivilisation bekannt ist, befindet sich auf dem Todespfad, auf den ihre eigene Kultur keine Antwort mehr weiss. Das Auftauchen von Plutonium auf diesem Planeten ist das deutlichste Zeichen, dass wir in Gefahr sind. Es ist ein Zeichen, das die meisten westlichen Menschen zu übersehen belieben. (...) Ich zitiere aus der Botschaft der Irokesen-Indianer an die westliche Welt, 1973 veröffentlicht zuhanden der UNO-Kommission für Menschenrechte: ‹Als die zweite Hälfte des 20. Jahrhunderts vorangeschritten war, begannen die Völker des Westens sich nach neuen Energiequellen umzusehen, um den Energiehunger ihrer Technologie zu stillen. Ihre Aufmerksamkeit richtete sich auf die Atomenergie, eine Form der Energieproduktion, zu deren Nebenprodukten die giftigsten Substanzen zählen, die die Welt je kennengelernt hat. (...) Was wir brauchen, ist die Befreiung aller Dinge, die Leben erhalten: Luft, Gewässer, Bäume – alle Dinge, die das heilige Gewebe des Lebens erhalten. (...)›*

*Die Rolle des Finanzplatzes Schweiz als Tresor von Betrügern, Ausbeutern, Steuerflüchtigen, als Drehscheibe internationaler Spekulations- und Politspiele ist bekannt. (...) Mit Hilfe der Schweizer Hochfinanz werden Länder Afrikas, Asiens, Südamerikas ökonomisch ausgeblutet, soziale und kulturelle Strukturen zerstört. Völker verelenden, hungern, werden massengemordet, von* NESTLÉ*-Babymilch bis Napalm und* DDT *ist alles drin. Der* IWF *vergibt Kredite nur, wenn höchste Profite herausschauen. Er finanziert komplizierte Technologien, teure Produktionsanlagen, dort wo Hungerlöhne bezahlt werden, keine Umweltvorschriften bestehen, der Profit also riesig ist oder als Gegenleistung Rohstoffe billig zu kaufen und zu fördern sind. (...)*

*Warum der Termin des Anschlags auf das Kraftwerk Sarelli auf die Weihnachtsnacht? Neben dem sicherheitstechnischen Aspekt war es eine Solidaritätskundgebung für Jesus, den Konspirator, Nomaden, Sozialrevolutionär, Aufwiegler, Klassenkämpfer, der in der Bergpredigt meint: Selig seid ihr Armen, denn euer ist das Reich Gottes. Selig seid ihr, die ihr jetzt hungert, denn ihr sollt satt werden. Selig seid ihr, die ihr jetzt weint, denn ihr werdet lachen. (...)*

*Wer der Freiheit ergeben ist und den Gedanken rücksichtslos in sich aufgenommen hat, wird ihn sich nicht durch die Einwendungen der handfesten praktischen Gegenwart, bestehend aus haufenweise Müll und Gift vor unseren Türen und in unseren kaputten Hirnen, rauben lassen. Er wird den Müll und das Gift und deren Produzenten bekämpfen. Er muss einsehen, dass der Mensch frei sein wird, wenn es die Gesellschaft ist, die Gesellschaft aber nur von innerlich freien Menschen geschaffen werden kann. Er darf also niemandes Knecht sein. Wir haben uns auf den Weg gemacht. (...) Friede den Hütten, Krieg den Palästen und Knästen.»*

Die jugendlichen Prozessbesucher applaudieren, einige skandieren «Marco! Marco! Freiheit für Marco!». Gerichtspräsident Schmid verlangt Ruhe und unterbricht die Verhandlung.

Zeit zum Mittagessen.

Für den obersten Staatsanwalt Graubündens, Willy Padrutt, ist die Sache klar. 61 Delikte wirft er den Hauptangeklagten Moser und Camenisch vor. Er zählt sie in seinem Plädoyer alle auf, vom Haschischrauchen bis zu den Sprengstoffanschlägen. Bei den beiden jungen Männern handle es sich um gemeingefährliche Kriminelle, die mit grosser Kaltblütigkeit vorgegangen seien und deren verbrecherische Handlungen einen Grad von Gefährlichkeit erreicht hätten, wie sie «unsere Gegend noch nie erlebt hat». Ankläger Padrutt verweigert den beiden Angeklagten jegliche politischen Motive. Er bezeichnet ihren angeblichen Idealismus als «Perversion des Idealismus». «Sie haben in vollem Bewusstsein das Verbrechen zu ihrem Lebenswerk gemacht.» Er beantragt für Camenisch neun Jahre und für Moser sechseinhalb Jahre Gefängnis, zudem seien die beiden zu Wiedergutmachungszahlungen von 750 000 Franken zu verurteilen.

Tumult auf den hinteren Rängen. Gerichtspräsident Schmid droht mit der Räumung der Zuschauergalerie.

## Richter und Rächer

Marco Camenischs Verteidiger ist Andreas Bernoulli. Der junge Basler Jurist arbeitet bei der Kanzlei Werner Caviezel in Chur. Bernoulli hat beim renommierten Strafrechtsprofessor Günter Stratenwerth studiert, einem Initianten von Reformen des Strafvollzugs in der Schweiz. Stratenwerths Doktoranden hatten ihre Dissertation möglichst «vor Ort», das heisst hinter den Gefängnismauern in direktem Kontakt mit den Inhaftierten und mit dem Anstaltspersonal zu verfassen, um ein authentisches Bild des Strafvollzugs zu erhalten und damit die notwendigen Reformen praxisbezogen anzuregen.

Der junge Bernoulli hat mit der Verteidigung des Sprengstoffattentäters eine schwierige Aufgabe gefasst. Das politische Klima in der Schweiz ist Ende der 70er-, Anfang der 80er-Jahre frostig, das Land gespalten, die Parteien blockieren sich gegenseitig, Reformen werden aufgeschoben, Volksentscheide nicht umgesetzt. Zum Beispiel wird bereits 1971 ein klarer Verfassungsauftrag für den Umweltschutz vom Volk mit einem Stimmenverhältnis von 12 zu 1 angenommen. Nach zehnjähriger zäher parlamentarischer Auseinandersetzung ist jedoch ein Gesetz entstanden, das die Verursacher von Umweltschäden nicht belangt, das die Zersiedelung der Landschaft, die Verschmutzung der Gewässer, gesundheitsschädigende Substanzen in der Nahrung nicht verbietet.

Die Toleranz Andersdenkenden gegenüber ist auf einem Tiefpunkt. So erlässt die Solothurner Regierung einen «Radikalenerlass»: Lehrer, die in der «Gewerkschaft Erziehung» politisieren, öffentlich das Schulsystem kritisieren oder sich mit AKW-Besetzern solidarisieren, werden wegen «Verletzung der Treuepflicht gegenüber dem Staat» kurzerhand aus dem Schuldienst entlassen.

Die Bespitzelung der Mitbürger durch staatliche und selbsternannte private Organisationen ist weit verbreitet: Der Zürcher FDP-Nationalrat und Oberstleutnant der Schweizer Armee, Ernst Cincera, observiert mit Gesinnungsgenossen während Jahren Tausende von Schweizern und Schweizerinnen. Dann platzt der zweite Fichenskandal: Der Staat hat seine eigenen Bürger seit drei Jahrzehnten systematisch überwacht, strenger und lückenloser als der Privatmann Cincera und seine Schnüffler (Anhang 2, Seite 181).

Hinzu kommt: «*Züri brännt*» lichterloh, die Jugendbewegung hat sich radikalisiert. Nach einer Strassenschlacht am Limmatquai, am Bellevue und in den Gassen der Altstadt nimmt die Polizei in einer einzigen Nacht 140 Jugendliche in Gewahrsam. Der Kommandant zeigt der aufgebrachten Öffentlichkeit in einer Sondersendung des Fernsehens eine im AJZ gedruckte «Anleitung für wirkungsvolle Krawalle», unterzeichnet mit «Fantasia + Anarchia». Die Rebellion greift noch in derselben Nacht auf die Städte Basel und Bern über. Eidgenössische Parlamentarier erwägen, den Ausnahmezustand auszurufen, und diskutieren den Einsatz der Armee, um der überforderten Polizei beizustehen.

Einige der Aktionen haben die Jugendlichen auf Videofilm gebannt. Videofilm ist das Medium der Zeit. Der dreistündige Film *Züri brännt,* gedreht vom linken Kollektiv Videoladen, ist «ein streckenweise hervorragend gemachtes Pamphlet, das unübersehbar an Vorbilder des revolutionären russischen Kinos anknüpft», lobt die NZZ am 31. Januar 1981, um dann tadelnd festzuhalten: «Seine expressionistische Emphase und dadaistische Bürgerschreckattitüde sind jedoch nicht im Geringsten an auch nur einigermassen objektiver Informationsvermittlung über die Vorgänge des letzten Sommers interessiert.»

Höhepunkt der Provokationen ist der Auftritt von «Herrn und Frau Müller» in einer Diskussionsrunde des Deutschschweizer Fernsehens zum Thema «Jugendkrawalle». Es ist eine Live-Sendung, die Fernsehgeschichte schreibt. (Anhang 3, Seite 183)

Camenischs Verteidiger Bernoulli will keinen politischen Prozess führen, wie dies in Deutschland von den Anwälten der RAF-Terroristen Baader, Ensslin etc. gemacht wurde. Bernoulli hat eine andere Taktik: Er präsentiert seinen Mandanten als einen jungen Menschen mit Idealen, Ängsten, Enttäuschungen und Hoffnungen.

Auszüge aus dem Plädoyer von Andreas Bernoulli: «Auf der Anklagebank sitzen nicht nur Täter und Taten, sondern eine Weltanschauung. Für meinen Mandanten trifft dies in besonderem Masse zu. Er ist derjenige, der sich am klarsten ausdrückt, der am meisten Profil aufweist und darum auch der derjenige, auf welchen sich die Aufmerksamkeit der Anklage am meisten konzentriert hat. Auf der Anklagebank befindet sich aber nicht nur ein Weltbild, sondern auch unsere Welt, unsere Gesellschaftsordnung. Die Auseinandersetzung zwischen den Justizbehörden und meinem Mandanten ist die Auseinandersetzung zwischen zwei Weltanschauungen, die sich gegenseitig ausschliessen und zwischen denen eine Verständigung nicht mehr möglich ist. (...)

In der Person von Marco Camenisch steht ein Überzeugungstäter vor uns. Seine deliktischen Handlungen und seine ganze Lebensweise sind nur aus seiner ethischen, sozialen und politischen Grundhaltung erklärbar. (...)

Man stellt meinen Mandanten als kaltblütigen, berechnenden Kriminellen und als Gefahr für unsere Rechtsordnung hin und sieht nicht, dass es gerade seine Sensibilität war, die es ihm verbot, die Augen vor all den Ungerechtigkeiten auf der

Welt zu verschliessen. Camenisch hätte mit seinen intellektuellen und familiären Voraussetzungen eine glänzende gesellschaftliche Karriere machen können. Er hat es nicht. In der Folge eines sich über Jahre hinziehenden Bewusstseinsprozesses ist er zur Überzeugung gelangt, dass er die bestehende Rechtsordnung nicht mehr anerkennen könne. Er steht unseren Institutionen feindlich gegenüber. Wenn wir genau hinsehen – auch die Staatsanwaltschaft wäre verpflichtet gewesen, dies zu tun – dann sehen wir, dass hinter dieser Feindschaft eine sehr positive und lebensbejahende Grundhaltung steht. (...)

Mein Mandant ist nicht gegen eine Ordnung schlechthin, sondern gegen eine Ordnung, die nach seiner Ansicht den elementaren menschlichen Bedürfnissen nicht Rechnung trägt. Dass wir in einer bedrohlichen Welt leben, kann niemand ernstlich bestreiten. (...)

Den Entschluss, gegen eine Einrichtung der NOK einen Sprengstoffanschlag durchzuführen, fasste Marco Camenisch, als das AKW Gösgen in Betrieb genommen wurde. Tatsächlich sind mit dem Betrieb von Kernkraftwerken Gefahren von unvorstellbarem Ausmass verbunden. Es sei nur auf die Endlagerung des Atommülls hingewiesen. (...)

So wie er es nicht mit seinem Gewissen vereinbaren konnte, an einer Mittelschule, welche eine seiner Meinung nach elitäre Bewusstseinsbildung betreibt, die Matur zu machen, so wenig konnte er sich einfach auf eine Alp, in ein Stück heile Welt zurückziehen – wie dies ja heute viele Jugendliche tun, die nicht mehr an die Werte und Normen dieser Gesellschaft glauben. Der Widerstand gegen die Rechtsordnung, die er als Ordnung zum Schutz der Privilegien wahrnimmt, wurde bei ihm zu einer sittlichen Pflicht, einer Pflicht, die natürlich mit den Normen dieser Rechtsordnung kollidieren muss. Marco Camenisch ist ein klassischer Überzeugungstäter. (...)

Zur Frage der ‹Kaltblütigkeit›. Es trifft zu, dass er bei der Verhaftung eine Waffe bei sich trug. Aber ebenso trifft zu, dass er keinen Versuch unternahm, von der Waffe Gebrauch zu machen. Mein Mandant sieht sich selber als Vorkämpfer für eine gerechte Weltordnung, (...) scheinbar unerschrocken, kompromisslos, bereit, für seine Überzeugung auch schwere Konsequenzen auf sich zu nehmen. So hat er sich ja auch am ersten Prozesstag mit seiner persönlichen Erklärung *Friede den Hütten – Krieg den Palästen und Knästen* präsentiert. Er spielt den harten Mann und will nicht, dass man hinter die Fassade sieht. Denn dort würde man feststellen, dass vieles in seinem Leben nicht nach Wunsch verlaufen ist. (...) Sein Ziel, einen kleinen selbstverwalteten Bauernbetrieb aufzubauen, konnte er nicht verwirklichen. Seine Ehe ging bereits nach kurzer Zeit in Brüche. Die Beziehung zu seinem Kind, an welchem er sehr hängt, konnte er nicht weiterführen. (...)

Die verübten Anschläge waren gezielte Aktionen, die nie Menschenleben gefährdeten. Bei der Auswahl der Objekte, dem Tatvorgehen und dem Tatzeitpunkt wurde streng darauf geachtet, dass niemand verletzt werden konnte. (...)

Ich habe darauf verzichtet, eine bestimmte Dauer der Freiheitsstrafe zu beantragen, möchte aber klar festhalten, dass der Antrag des Staatsanwaltes weit übersetzt ist. Ich beantrage ein massvolles Urteil, und nicht eines, das von Vergeltungsdenken geprägt ist. Die Eskalation der Gewalt darf im Gerichtssaal nicht weitergehen!»

Das Gericht unter Vorsitz von Alex Schmid erteilt den Angeklagten das Schlusswort. Röbi Hilfiker verzichtet. René Moser sagt: «Ich habe nichts mehr zu sagen, die Willkür ist zu gross.» Marco Camenisch: *«Ich sage vier Wörter: Die Schmierenkomödie war vorauszusehen.»*

Das Urteil des Kantonsgerichts Graubünden und die 142-seitige Urteilsbegründung werden Camenisch und Moser in die Zelle gebracht. «Sie müssen allein damit fertig werden, Valium steht zur Verfügung», schreibt die Studentenzeitschrift DAS KONZEPT. Das Strafmass ist beispiellos in der jüngeren schweizerischen Rechtsprechung: zehn Jahre Zuchthaus für Marco Camenisch, siebeneinhalb Jahre für René Moser. Das Gericht hat damit die hohen Anträge des Staatsanwaltes noch um ein Jahr erhöht. Nur bei Hilfiker unterbieten sie den Ankläger und reduzieren das Strafmass von 3½ auf 3 Jahre, da er «Reue zeigt und durch seine Angaben viel zur Abklärung des Sachverhaltes beigetragen hat», wie es in der Urteilsbegründung heisst.

Auszüge aus dem Urteil des Kantonsgerichts Graubünden: «Ihre Taten decken Charaktereigenschaften auf, die Camenisch und Moser als besonders gefährliche und rücksichtslose Täter erscheinen lassen. Nebst den beiden Sprengstoffanschlägen fällt ganz erheblich ins Gewicht, dass sie nebst Sprengmitteln noch Waffen und Munition verschiedenster Art und in grossen Mengen verborgen gehalten haben, welche sie nach den Angaben von Marco Camenisch bei allfälligen Auseinandersetzungen in einer Massenbewegung einzusetzen gedachten. Von diesem Ziel haben die beiden bis heute nicht Abstand genommen und sie haben auch vor Kantonsgericht wiederholt beteuert, dass für sie Gewalt der einzige Weg sei. Dieses Ansinnen kann ein Rechtsstaat keinesfalls tolerieren. (...) Achtungswerte Beweggründe liegen nicht vor.»

Als Camenisch und Moser, jeder für sich allein in seiner Zelle, das Urteil lesen, werden sie von Wut und Verzweiflung gepackt. René Moser sagt: «Das Urteil ist Wahnsinn. Wir haben keinem Menschen ein Haar gekrümmt, nur Sachschaden verursacht.» Marco Camenisch erklärt heute, er sei nicht wirklich überrascht gewesen vom Strafmass, liege dieses doch *«in der Logik des Kontextes dieser Jahre. Ich spürte aber in jenem Augenblick: Zehn Jahre Knast – das halte ich nicht aus. Und ich wusste, dass ich fortan im Krieg bin gegen den Staat und seine Repräsentanten.»*

Der Zürcher TAGES-ANZEIGER bezeichnet das Urteil als «drakonisch» und schreibt von einem Fehlurteil. *D'Bewegig* drückt ihre Empörung so aus: «Was sind das für feige Schweine, die es wagen, Todesurteile auszusprechen, aber den Mumm nicht haben, es den Angeklagten ins Gesicht zu sagen.»

In einer Wandzeitung am Historischen Seminar der Universität Zürich wird das Urteil so kommentiert: «Ein System, das vom Mythos der legalen Gewalt lebt, lässt für Marco Camenisch keinen Raum. (...) Was Camenisch zehn Jahre hinter Gitter bringt, ist nicht die Tat, sondern die Angst der Herrschenden vor einer tiefgreifenden Veränderung der gesellschaftlichen Verhältnisse in diesem Land.»

Stunden nachdem das Bündner Kantonsgericht Marco Camenisch und René Moser das Verdikt ins Gefängnis Sennhof Chur zustellt, werden die Verurteilten in die Justizvollzugsanstalt Regensdorf (ZH) überführt – «ein Gefängnis, in dem die gefährlichsten Straftäter der ganzen Ostschweiz inhaftiert sind», wie der Zürcher Justizdirektor Arthur Bachmann, Mitglied der Sozialdemokratischen Partei SP, in einem Interview sagt.

René Moser sitzt seine Strafe ab. Er wird nach Verbüssung von zwei Drittel seiner Strafzeit, nach 5 Jahren und 3 Monaten, im April 1985 aus der Haft entlassen. Nach und nach habe er sich abgefunden mit dem Leben hinter Gefängnismauern. Auch sei er zur Einsicht gelangt, erzählt Moser, dass Gewalt nicht das richtige Mittel sei, um die Welt zu verändern. Spiritualität und eine konsequente individuelle Lebensgestaltung im Einklang mit der Natur, mit Tieren und mit den Menschen führe weiter. Für ihn seien die Jahre im Gefängnis in Lenzburg identitätsstiftend gewesen. «Bei der Arbeit in der Korberei und in der Schlosserei habe ich das Handwerk meines Volkes, der Jenischen, kennengelernt: das Korben und das Scherenschleifen. Der Knast war aber nicht nur eine Lehrwerkstätte für mich, ich habe dort auch die halbe Welt getroffen. So hat mir beispielsweise ein Pakistani beigebracht, wie man Spiegelrahmen zimmert und verziert. Auch von Nigerianern, Mexikanern und andern Ausländern habe ich viele praktische Dinge fürs Leben gelernt.»

René Moser ist verheiratet und hat zwei erwachsene Söhne. Er verdient sein Geld mit Korberarbeiten, als Scheren- und Messerschleifer. Im Sommer ist er als Hirt auf der Alp. Einen Teil seines Hauses im Schanfigg baut er zurzeit um zu einem Bed & Breakfeast, mit Blick in die Bündner Bergwelt. Kontakt zu seinem früheren Weggefährten hat er seit der Inhaftierung in Lenzburg nicht mehr. Marco sei einen andern Weg gegangen. Ein Gespräch darüber wäre schwierig und belastend, deshalb lasse er es lieber sein. Aber er bleibe seinem alten Freund Marco in Freundschaft verbunden und er bewundere dessen Unbeugsamkeit.

Camenischs Mitbewohner und Genossen auf dem Gehöft Prodavos, Urs Tönz und Kurt von Arb, bleiben dem Bergbauerntum treu. Der eine führt einen kleinen Viehwirtschaftsbetrieb im Prättigau. Der andere lebt in Pfäfers im Sarganserland. Er ist Herausgeber des ALPJOURNAL, war zwischenzeitlich Wirt und geht im Sommer weiterhin als Hirt «*z'Alp*». Noch vor dem Prozess gegen Camenisch und Moser werden die beiden wegen Hehlerei zu neun resp. drei Monaten bedingt verurteilt. Tönz hat keinen Kontakt mehr zu Camenisch, von Arb schreibt ihm gelegentlich einen Brief.

Nach der Verurteilung zu zehn Jahren Gefängnis sagt Camenischs Mutter Annaberta: «Ich habe Marco zu trösten versucht, ihm Mut gemacht, ihm gesagt, du weisst, dass wir bei dir sind.»

# Kampfzone Knast

Als am 30. Januar 1981, zur Mittagsstunde, Marco Camenisch und René Moser vom Churer Sennhof im gepanzerten Polizeifahrzeug in die Zürcher Strafanstalt Regensdorf transportiert werden, ist dies nicht bloss eine Fahrt von einem Gefängnis ins andere. Es ist eine Reise in einen explosiven Mikrokosmos mit eigenen Gesetzen und Abgründen, einen Ort grosser Gewaltbereitschaft, wo Drogen gehandelt und Delikte geplant werden, ein Ort regelmässiger Ausbruch- und Selbstmordversuche.

Knapp 300 Männer sind zu Beginn der 80er-Jahre in Regensdorf in Einzelzellen eingesperrt, darunter besonders schwere Jungs: Raubmörder, Totschläger, Frauen- und Kinderschänder, Drogenbosse, Mädchenhändler, Panzerknacker und Einbrecher – unter Letzteren landesweit bekannte Figuren wie Walter Stürm und Hugo Portmann.

Wie alle Neuankömmlinge werden Camenisch und Moser zunächst in Isolationshaft gehalten. Im ersten Brief nach der Inhaftierung in Regensdorf schreibt Camenisch der Mutter: *«Mama, das halte ich nicht aus hier!»*

Das Gefängnis Regensdorf ist ein massiver Bau aus hohen, meterdicken Backsteinmauern. Er ist 1891 nach den Vorstellungen des britischen Juristen, Philosophen und Sozialreformers Jeremy Bentham als strahlenförmiges Panoptikum gebaut worden. Mit dem Panoptikum sollte die Zeit der dunklen, verwinkelten Verliese beendet und das Gefängnis zu einem lichtdurchlässigen, überschaubaren Gebilde werden. Das Zentrum des Panoptikums bildet ein breiter Turm mit einer Dachkuppe, die sogenannte Zentralhalle oder Kanzel, um die sich vier Gebäudetrakte gruppieren. Der Aufseher, der auf dieser Kanzel steht, hat einen panoptischen Blickwinkel, das heisst, er hat jede Bewegung in den vier strahlenförmig angeordneten Zellentrakten im Auge, Trakten, wo wie Waben in einem Bienenstock die Einzelzellen liegen, 27 Kubikmeter gross, was einem Würfel von drei Metern Seitenlänge entspricht.

Dank der Zentralhalle ist für eine lückenlose Kontrolle im Innern der Strafanstalt Regensdorf gesorgt. Anders sieht es ausserhalb der Gefängnismauern aus. Kurz vor Weihnachten 1980 marschiert eine lautstarke Hundertschaft der Zürcher Jugendbewegung vor dem Gefängnis auf. CASSIBER, das Blatt von Zürcher Gefangenen-Aktivisten, hat die Häftlinge über den bevorstehenden Besuch informiert und schreibt: «Die Knastis haben Transparente rausgehängt, geschrien und Solidarität mit ihrer Revolte gefordert. Wir draussen haben geknallt, Kameras demontiert, zurückgeschrien. Ein Gefühl, die Mauern fallen ein. Wir draussen, sie drinnen sind zusammen und kein Arsch der Welt könne dieses Gefühl knacken. Die Bullen haben uns dann doch vertrieben, aber uns war klar, der Faden nach drinnen war gesponnen, die lächerlichen Kampfmaschinen können uns wohl vertreiben, aber niemals von weiteren Aktionen abhalten.»

Die Eingesperrten nutzen den Aufmarsch der Sympathisanten draussen vor den Mauern, um zu meutern: Sie weigern sich, nach dem Duschen in die Zellen zurückzukehren, versammeln sich in der Zentralhalle und verlangen ein Gespräch mit der Presse und der Justizdirektion.

Anstaltsdirektor Bernhard Conrad, ein stämmiger Emmentaler, FDP-Gemeinderat, Oberstleutnant, ehemaliger Direktor der Militärstrafanstalt Zugerberg und Leiter der Arbeitserziehungsanstalt Uitikon, droht mit dem Bunker, scharfem Arrest in einer engen, dunklen Strafzelle oder mit der Verlegung in den Hochsicherheitstrakt.

Die Strafanstalt Regensdorf ist in den 70er- und frühen 80er-Jahren eine politische Kampfzone. Die Bedingungen hinter den Gefängnismauern werden zum öffentlichen Thema. Die «Aktion Strafvollzug», Astra, klopft der Justiz und den Strafvollziehern unablässig auf die Finger, reicht Klagen ein, verteidigt Knastis gegen Willkür, bietet entlassenen Häftlingen handfeste Hilfe an. Das Ganze wird in der Astra-eigenen Zeitschrift SCHWARZPETER medial begleitet.

Auch die Wissenschaft beginnt sich in den 70er-Jahren systematisch und umfassend mit dem Strafvollzug in der Schweiz und insbesondere mit den sozialen und medizinischen Auswirkungen der lange andauernden Haft auseinanderzusetzen. Das Thema «Isolationshaft», vorher ausschliesslich eine Auseinandersetzung unter Fachleuten, rückt in den Fokus der breiten Öffentlichkeit: Im jurassischen Fahy, an der grünen Grenze zu Frankreich, werden zwei Schweizer Zöllner niedergeschossen. Als Täter gefasst werden die zum harten Kern deutscher Terrorgruppen zählenden Gabriele Kröcher-Tiedemann und Christian Möller. Die beiden werden im Berner Bezirksgefängnis unter totaler Isolation eingesperrt.

Die SCHWEIZER ILLUSTRIERTE macht die Haftbedingungen der beiden Deutschen unter der Zeile «Die Berner Festung: So wohnen ‹unsere› Terroristen» zur Titelgeschichte. Im Text heisst es: «Seit vier Monaten befinden sich die ‹Fahy›-Attentäter 23 Std. 20 Min. täglich in Totalisolation. Die vom Berner Untersuchungsrichter angeordneten ‹Sondermassnahmen› für Gabriele Kröcher, 26 Jahre, und Christian Möller, 28 Jahre alt, sind in der schweizerischen Rechtsgeschichte beispiellos: Die Zellenfenster aus Milchglas können nicht geöffnet werden. Der schmale Schlitz aus klarem Glas ist überklebt und verunmöglicht den Blick nach draussen. Tag und Nacht brennt das Licht in der Zelle. Die Inhaftierten dürfen weder rauchen noch können sie Radio hören oder lesen. Die Privatkleider, die Uhr und die Agenda sind ihnen abgenommen worden. Die Zelle ist geräuschlos, es herrscht 24 Std. Totenstille. Kameraaugen überwachen rund um die Uhr jeden Winkel der Zelle. Ein Spazierhof fehlt. Wochentags dürfen die beiden zwanzig Minuten in einer kleinen Halle auf und ab gehen – von zwei Polizisten begleitet. Kontakt zur Aussenwelt gibt es nicht.»

Die Gleichung «Isolationshaft = Isolationsfolter», eingeführt von den deutschen Anwälten der Roten Armee Fraktion, RAF, findet nun auch Eingang in das Vokabular schweizerischer Strafverteidiger. Bernard Rambert, der später Marco Camenisch verteidigen wird, spricht von Folter, als er gegen die Haftbedingungen seines Mandanten Walter Stürm im Untersuchungsgefängnis Bois-Mermet in Lausanne staatsrechtliche Beschwerde einreicht. Der Leiter des Gefängnispsychiatrischen Dienstes Ralf Binswanger legt am 17. Dezember 1980 sein Amt nieder. Er macht einen «ärztlichen Gewissenskonflikt» geltend, da im Strafvollzug laufend Investitionen getätigt würden, die die Isolation der Häftlinge verstärkten, was psychische Schäden zur Folge habe, wie aus einer wissenschaftlichen Untersuchung unzweifelhaft hervorgehe. (Anhang 4, Seite 184)

Camenisch erfährt am Morgen des 13. April 1981, dass der «Ein- und Ausbrecherkönig» Walter Stürm in der Nacht einmal mehr getürmt ist. Der Geflüchtete hinterlässt einen Zettel in seiner Zelle in Regensdorf. Da steht handgeschrieben der Satz: «Bin Ostereier suchen gegangen.»

Anfang September wird in Zürich auf Flugblättern zu einem «Sonntagsspaziergang in Regensdorf» aufgerufen. DIE WOCHENZEITUNG (WOZ) begleitet den Aufmarsch. Berichterstatter ist Jan Morgenthaler, der bis heute im bürgerlichen Lager der Zwinglistadt immer wieder für heisse Köpfe sorgt. Zum Beispiel mit dem Hafenkran, den er 2014 am Zürcher Limmatquai errichten liess.

Auszüge von Morgenthalers «Sonntagsspaziergang»: «Würstlibratend geniessen die Regensdorfer Gefängniswärter ihren freien Sonntag. Westlich der mit Stacheldraht gesicherten Mauer sitzen sie in den Vorgärten ihrer roten Backsteinhäuschen, die damals, 1903, gleichzeitig mit dem Knast erbaut wurden. Gefängnisdirektor Conrad weilt unterdessen in Italien. Ferienhalber. Wie ein Bergamasker Lokalblatt zu berichten weiss, besichtigt er dort das modernste Gefängnis der Region. Wäre Conrad zuhause geblieben, hätte er miterleben können, wie trügerisch die Stille eines lauen Spätsommertages in Regensdorf sein kann: Im Osten der Anstalt knallt's plötzlich und Sekunden später flattern 6000 kleine Flugblätter, von Feuerwerkskörpern in genügende Höhe getragen, über das ganze Knastareal nieder. Klar, dass die Gefangenen aus den vergitterten Fenstern rufen, winken, Tücher schwenken und mit uns toben, mit uns, die wir uns – über 100 an der Zahl – zu einem Sonntagsspaziergang zusammengefunden haben. Die Wärter ziehen sich in ihre Häuschen zurück, schliessen Fenster und Läden. Biedere Sonntagsspaziergänger beteuern den guerillamässig auftretenden Horden gegenüber, Zivilisten, nicht Zivile zu sein. Alles verläuft so überraschend, dass die Hundertschaften lange auf sich warten lassen. Der einzige verfügbare Streifenwagen wird in die Flucht geschlagen. Später, viel zu spät, eine Pinzgauerkolonne.»

# Pelati und Pistolen

Unter den 280 «Bewohnern» von Regensdorf findet Camenisch rasch Kumpels, die – wie er selbst – nicht gewillt sind, bis zum Ende der Strafzeit im Knast zu hocken, Leute, für die es durchaus Mittel und Wege gibt, der Enge des «Dorfes» zu entfliehen. Zum engeren Kreis von Vertrauten zählt Pierluigi Facchinetti aus Bergamo. Der in Bern geborene Italiener ist wegen Raubes zu acht Jahren Zuchthaus verurteilt worden. Mitte November wird der 25-Jährige dabei überrascht, wie er mit einem sogenannten Engelhaar die Gitterstäbe durchsägt. Auch der 36-jährige Carlo Gritti, ebenfalls aus Bergamo, zählt zu Camenischs Umfeld. Gritti ist ein schwerer Junge, hat er doch zusammen mit Komplizen in Buchs (SG) eine Bank überfallen und bei einem Schusswechsel am Grenzübergang Oberriet zwei Zollbeamte getötet. Er ist zu lebenslänglich verurteilt.

Der dritte Mann aus Bergamo im Umfeld von Camenisch ist Gianfranco Lazzarin. Der 27-Jährige gehört der sogenannten Alfa-Bande an – so benannt nach der von ihr bevorzugten Automarke. Die Bande hat Mitte der 70er-Jahre in der Schweiz insgesamt 43 Raubüberfälle auf Postbüros, Banken und Geldboten verübt. Lazzarin wird 1979 wegen Raub und Mordversuch zu 17 Jahren Zuchthaus verurteilt.

Wiederholt haben die *Tre Fratelli* Facchinetti, Lazzarin und Gritti vergeblich versucht, über die Mauern in die Freiheit zu kommen. Das Sägen an den Gitterstäben ist ebenso aufgeflogen wie das Hineinschmuggeln einer Pistole samt Munition. «Wenn du unter grausamen Bedingungen eingesperrt bist und du noch Jahre unter diesem Regime in Regensdorf zu leiden hast, denkst du Tag und Nacht an Flucht», wird Carlo Gritti später in Bergamo vor Gericht zu Protokoll geben. «Dieser Gedanke ist wie atmen. Wenn du ihn aufgibst, erstickst du.»

Den drei Bergamaskern fühlt sich Camenisch verbunden, nicht nur sprachlich. Politik ist zwar nicht ihr Ding, aber an Liedern von Fabrizio de Andre oder Francesco Guccini, die vom Proletariat und von Klassenkampf singen, haben auch sie Spass. Die drei Italiener sehen sich als Banditen, die sich das Geld fürs Leben dort holen, wo es reichlich vorhanden ist: bei Banken, Postämtern, Juwelieren und Millionarios. Basta! Den Kampf des *bombarolo,* wie sie Camenisch neckend nennen, verstehen sie nicht.

In der zweiten Adventwoche 1981, Facchinetti und Lazzarin sind seit bald vier und Gritti seit sieben Jahren hinter Gittern, kriegt Gianfranco Lazzarin von einem italienischen Mitgefangenen, der wegen Drogenhandels einsitzt, ein Postpaket mit Pelati geschenkt. Die vier grossen Dosen geschälter Tomaten sind ihm von *amici* aus Bergamo geschickt worden. Dem Paket ist eine in Dialekt beschriebene Ansichtskarte beigefügt, mit dem Hinweis, das Geschenk doch bitte an Gianfranco weiterzuleiten. Lazzarin öffnet eine der Dosen, aber nicht, um in der Zelle auf dem Elektroherd Spaghetti mit Sugo zu kochen, sondern weil zwischen den geschälten Tomaten das liegt, was er bestellt hat: zwei 38er-Trommelrevolver und eine 6.35er Handfeuerwaffe, beide mit vollem Magazin, aber ohne Reservemunition, da die Pelati dadurch zu schwer geworden wären.

Am 10. Dezember soll die *missione evasione* stattfinden. Den genauen Zeitpunkt werden Freunde und Helfer von draussen mitteilen. Gianfranco Lazzarin händigt Facchinetti den Revolver Kaliber 38 aus, Gritti kriegt die Pistole Kaliber 6.35. Die Übergabe ist heikel. Nur beim wöchentlichen Duschen kreuzen sich die Wege der beiden Bergamasker. Während eine Gruppe Gefangener die Dusche verlässt, sich abtrocknet und in der Garderobe Hose und Hemd anzieht, tritt die andere Gruppe herein. In diesem Augenblick steckt Gianfranco seinem Komplizen Carlo die Pistole zu. Dass es Gritti trotz ständiger Begleitung eines Aufsehers gelungen ist, die Waffe an sich zu nehmen, in die Zelle zu bringen und dort zu verstecken, überrascht.

Der Ausbruch ist für 17. Dezember geplant, wo die drei kurz nach 17 Uhr draussen erwartet werden, und zwar hinter der Mauer, die an der Wiese vor dem Wald liegt. Lazzarin, Gritti und Facchinetti wissen, dass die Männer der Schuhmacherei, Schlosserei und Korberei die «Znünipause» gemeinsam verbringen. Man kennt sich.

«Schuhmacher» Lazzarin fragt beim Pausenkaffee zwei «Korber», ob sie morgen mitwollen über die Mauer. Der 25-jährige Italiener Mario Rosafio und der 33-jährige Kenianer Khelef El Boussaidy, zwei Berufsverbrecher und Drogendealer, sind gerne dabei. Auch der *compagno* Marco Camenisch muss nicht lange überlegen.

Donnerstag, 17. Dezember 1981. Es ist ein nasskalter Wintertag. Nebel liegt über der dünnen Schneeschicht draussen hinter den Mauern. Im Innern des Gefängnisses wird wie an jedem Werktag gearbeitet. Von 7.30 bis 11.30 Uhr mit einer kurzen Pause um 9.20 Uhr. Am Nachmittag ab 13.30 bis 17.00 Uhr. Die Türen der Werkstätten sind während der Arbeit verschlossen. Wer raus muss, braucht die Bewilligung des Aufsehers, der das Schloss durch Knopfdruck entriegelt, nach Meldung an den «Zentralier», den Mann auf der Kanzel im Zentrum des Haupttraktes.

Donnerstag ist Duschtag für die Häftlinge der Schuhmacherei und der Korberei. Die Türen der Werkstätten werden bereits um 16.45 Uhr geöffnet und die Leute verlassen ihren Arbeitsplatz einzeln. Khelef El Boussaidy ist der Erste, der an diesem Nachmittag die Korberei verlässt. Die andern sieben beginnen unter Aufsicht der Werkstattmeister Fritz Jenni und Rudolf Kottmann mit dem Aufräumen. Es sind dies der Italiener Mario Rosafio, weiter ein Schweizer, ein Deutscher, ein Engländer, ein Chinese und zwei Pakistani.

El Boussaidy geht die Stahltreppe hoch, an der Kanzel der Zentralhalle vorbei ins Krankenzimmer, wo er sich den Verband am verletzten Finger erneuern lässt. Um diese Zeit stehen die meisten Zellen offen, da die Häftlinge von der Arbeit zurückkehren. Der Afrikaner geht nach der Verarztung zur Zelle von Lazzarin, wo er Camenisch antrifft. *Andiamo* sagt dieser und steht auf. Er und Kollege Khelef wissen, was sie zu tun haben.

Khelef El Boussaidy kehrt in die Korberei zurück. Es ist 16.55 Uhr. Die meisten Häftlinge haben die Werkstatt verlassen, um in ihren Zellen die Duschutensilien zu holen. Die Aufseher Jenni und Kottmann sind noch da. Jenni steht an seiner Werkbank, im hintern Teil der Korberei, mit dem Rücken zur Tür. Kottmann dagegen sitzt, ungewohnterweise für diese Zeit, immer noch an seinem Arbeitsplatz, beim Eingang, neben den Werkzeugkästen. Und damit genau dort, wo El Boussaidy eine dreieinhalb Meter lange Holzleiter rausholen muss. Er steckt schon mal eine Zange ein wartet mit flatternden Nerven, bis Kottmann endlich Feierabend macht und den Raum verlässt. Aber der Aufseher sitzt immer noch an seiner Werkbank, obwohl es gleich 17 Uhr ist.

Khelef, von den Kollegen in der Korberei «Neger» genannt – was nicht abwertend gemeint ist, denn der fröhliche Nigerianer ist beliebt bei den Knastis – kann nicht länger warten. Er geht an Kottmann vorbei, öffnet den Wandschrank und holt die Leiter raus. Dass jemand die Leiter braucht, ist nicht ungewöhnlich. Sie wird häufig benutzt, stapeln sich doch die Körbe bis hinauf zur Decke.

Khelef El Boussaidy bringt die Leiter in die Horizontale und macht gleichzeitig eine Drehung zur Tür. Da sieht er aus dem Augenwinkel, wie Kottmann aufsteht. Er spürt, wie der Aufseher die Leiter am hintern Ende packt und festhält. El Boussaidy zerrt an der Leiter, will losrennen, kommt ins Stolpern, fällt auf die Knie. In diesem Augenblick taucht Facchinetti auf, schreit *via! via!,* greift unter den Arbeitskittel an seinen Gurt, wo ein Revolver steckt, und schiesst aus zwei Metern Entfernung auf Rudolf Kottmann. Der Aufseher bricht zusammen und bleibt mit einem Steckschuss in der Wirbelsäule liegen.

El Boussaidy rennt mit der Leiter die Treppe hoch in die Zentralhalle, während Facchinetti mit zwei gezielten Schüssen den Aufseher Fritz Jenni niederstreckt. Die Kugeln treffen Brust und Halsschlagader. Der 52-jährige Strafvollzugsbeamte schleppt sich stark blutend über die Schwelle auf die ersten Treppenstufen, wo ihn die Kräfte verlassen und er nach kurzer Zeit tot zusammenbricht.

El Boussaidy erreicht mit der Leiter nach 20 Sekunden die Galerie der Zentralhalle. Dort schiesst Lazzarin in Richtung der Kanzel, wo der Aufseher Kasimir Ackermann hinter Panzerglas sitzt. Inzwischen sind auch Rosafio, Facchinetti und Gritti auf der Galerie. Sie rennen Richtung Ausgangstüre des Haupttraktes, die zu Zentralwäscherei, Gärtnerei, Schlosserei und andern Arbeitsstätten ausserhalb des Haupttraktes, aber innerhalb der Gefängnismauern führt. Diese Tür wird vom Aufseher auf der Kanzel überwacht und bedient. Alle ein- und austretenden Personen hat er im Blickfeld. Erst wenn die Häftlinge über eine Gegensprechanlage ihre Personalien und den Grund ihres Ein- oder Austritts bekannt gegeben haben, öffnet er die Tür – um sie sogleich zu schliessen. Die Flüchtenden rennen nun auf diesen Ausgang zu, niemand hält sie auf. Die Tür steht weit offen, blockiert von einem Mann mit dunklem Bart und langen Haaren. Auf *compagno* Marco, den *bombarolo,* ist Verlass.

Zuvor sagte Camenisch dem Chef der Schlosserei, es sei ihm beim Schmirgeln ein Fremdkörper ins Auge geraten. Der Aufseher stellt ihm eine sogenannte Laufkarte aus, die ihm den Eintritt in den Haupttrakt und den Besuch im Sanitätszimmer ermöglicht. Der Aufenthalt ist kurz. Pfleger Simon Blumenthal kann nichts feststellen. Camenisch ist vor 17 Uhr wieder draussen, geht die Treppe hoch auf die Galerie und zur Ausgangstür des Haupttraktes. Dort steht der Chefheizer Ivan Luksic und lässt sich vom Zentralier die Tür öffnen. Marco Camenisch entreisst Luksic den Türgriff und spritzt dem Aufseher aus einer Spraydose eine Flüssigkeit ins Gesicht. Der attackierte Gefängnisbeamte, der am Vortag mit Camenisch eine Auseinandersetzung hatte, glaubt zunächst an einen persönlichen Racheakt und entzieht sich weiterem Streit mit dem renitenten Häftling durch die Flucht ins Freie. Dort trocknet der kurzzeitig geblendete Luksic seine brennenden Augen und geht zwecks Beruhigung der Nerven gemächlichen Schrittes durch die einbrechende Dunkelheit dem Zellentrakt entlang und über den Vorplatz Richtung Heizungsgebäude.

Auch die sechs Flüchtenden sind inzwischen durch die offene Tür und über eine Treppe ins Freie gelangt. Dort liegt, in eine Mauer eingelassen, das Büro des Oberaufsehers Paul Schlatter, der nach Meinung von Carlo Gritti verantwortlich ist für die Isolationshaft. Der Bergamasker bleibt stehen, greift nach seiner 6.35er und schiesst auf das beleuchte Fenster des Oberaufseherbüros, wo Schlatter direkt hinter dem Fenster an seinem Schreibtisch sitzt. Das Projektil durchschlägt die Doppelverglasung und bleibt im Vorhang stecken. Als es knallt, wirft sich Schlatter unter die Fensterbrüstung, holt mit ausgestrecktem Arm das Telefon vom Pult und alarmiert die Polizei.

Die Ausbrecher rennen über den schneebedeckten Gefängnishof dem Zellenflügel 3 entlang und über das Areal der Gärtnerei, wo sie den Chefheizer Ivan Luksic überholen, der im Zickzack Richtung Deckung hetzt, denn Gritti und Lazzarin, die den Schluss des Sextetts bilden, ballern wild um sich, was die sie verfolgenden Aufseher auf Distanz hält. «Die Gangster schossen wie ein Zug Infanterie», wird der Gefängnisdirektor und ehemalige Oberstleutnant Conrad später den Medienvertretern erzählen.

Hinter dem Verwahrungsgebäude legt El Boussaidy die Holzleiter an die 4,5 Meter hohe Mauer und steigt hoch, gefolgt von Facchinetti und Camenisch. Weil die Leiter zu kurz ist, muss Facchinetti seinen Komplizen hochstemmen, damit dieser die Mauerkrone erreicht. Oben angelangt, rittlings auf der Mauer, hilft der «Neger» jetzt den nachfolgenden Pierluigi und Marco, das letzte Stück zu überwinden. Auch die andern drei kommen nicht ohne gegenseitige Hilfe über die Mauer. Beim Sprung in die Freiheit reisst Grittis Kreuzband. Die andern landen unbeschadet im Schnee, sie rennen auf das letzte Hindernis zu, den dicken, meterhohen Wall von Stacheldraht. El Boussaidy will schon zur Zange greifen, als er sieht, dass der Draht bereits zerschnitten ist. Das haben die Fluchthelfer getan, die mit zwei Fahrzeugen bereitstehen.

Der Ausbruch ist gelungen. Der metallfarbene VW POLO mit den zwei Fluchthelfern, und mit Gritti und Lazzarin erreicht unbehindert den Autobahnzubringer in Regensdorf-Weiningen und verschwindet auf der A2 Richtung Westschweiz. Das zweite Fahrzeug, ein grüner VW POLO, bleibt im Schnee stecken. Die Flüchtenden steigen aus und rennen in den nachtschwarzen Pöschwald. El Boussaidy und Facchinetti

verlieren die Orientierung, hetzen über schneebedeckte Wiesen und suchen Schutz im Schuppen eines Lagerhauses, wo sie zwei Stunden später von der Polizei aufgegriffen werden. Camenisch und Rosafia gelangen auf einem Umweg über den «Chäferberg» an den Stadtrand von Zürich. In einem Schrebergartenhäuschen finden sie Hose und Jacke. Sie entledigen sich der Anstaltskleidung und gehen zu Fuss weiter zum Hauptbahnhof. Dort besteigen sie kurz vor 9 Uhr *«in unauffälligen Büezerklamotten»,* wie Camenisch sagt, den Zug nach Baden, wo sie bei Bekannten von Rosafia Unterschlupf finden.

Anderntags macht sich Camenisch alleine auf den Weg.

Am Vormittag des 23. Dezember, sechs Tage nach der Flucht der sechs Männer aus Regensdorf, zieht Zürichs Justizdirektor Bachmann «Zwischenbilanz der Fahndung: Zwei Ausbrecher verhaftet, vier auf der Flucht, wobei der Fluchtweg und vorübergehende Aufenthaltsort von drei Flüchtigen der Polizei bekannt ist. Nur über Camenischs Weg wissen wir zurzeit noch gar nichts.»

Der Justizdirektor lässt die Medienvertreter noch wissen, dass Interpol eingeschaltet sei und das Fernsehen mit der Sendung *Aktenzeichen XY* die Suche nach den flüchtigen Schwerverbrechern unterstützen werde.

Dann wünscht er frohe Festtage. Morgen ist Weihnachten.

Am 19. Februar wird in der linken Zeitschrift TELL ein Flugblatt in Handschrift als Faksimile abgedruckt.

*Sie wollen unsere Herren sein.*

*Wir wollen weder Diener noch Herren sein. Darum haben sie uns eingesperrt. Darum sind wir ausgebrochen. Dafür haben wir Freiheit, Tod oder UG riskiert und einen Söldner getötet. Der Mörder aber ist der Staat. Als Dressur von freien Menschen zu «freiwilligen» Sklaven und weiter zu Bürgern, Soldaten, Polizisten und weiteren Uniformträgern, wovon manche zu Zombies ohne jeden Selbsterhaltungstrieb gedrillt werden, die im Knast ihrer Herren sinnlos und auf Kommando foltern und entwürdigen, in Wohnungen und auf der Strasse Menschen hinterrücks erschiessen, zu Krüppeln schlagen und vergiften. (...) Eine kollektive Aktion wie die vom 17.12.81 aus dem «Dorf» kann nur deshalb spektakulär ausgeschlachtet werden, weil unter den Ausbrechern einige vom Staat besonders mystifizierte Leute sind, besonders entschlossen und radikal gegen Macht und Versklavung, gegen Geld, Uniformen, Gesetze und Wirtschaft. Die Aktion war ein willkommener Anlass, um das zentrale Anliegen des modernen Staates propagandistisch voranzutreiben, nämlich Rechtfertigung, Ausbau und Perfektionierung des krebsartig wachsenden Militär- und Polizeistaates. (...) Der politische Schweinestall der Spitze und die unermüdlichen Sprachrohre der Macht quietschen und grunzen ihr ganzes Repertoire an Zynismus in Form heuchlerischer Trauer, Entrüstung und Zwecklügen. (...) Dabei ist ihnen sehr wohl bewusst, dass, wenn sich Bewacher und Arbeitstreiber der Gefangenen trotz eindeutigem Aufruf zum Stillhalten auf eine auf kurze Distanz auf ihn gerichtete «38er» stürzt, um die Wegnahme einer Leiter für den leider unbedingt notwendigen Gebrauch zu verhindern, die Verantwortlichkeit für die Folgen vollständig bei ihm liegt. (...) Unsere Aktion ist politisch, weil in einer real beherrschten Gesellschaft von real Unterdrückten ausgeführt, aber in Wirklichkeit ein Akt im Kampf gegen Politik, Macht, Staat, Knast, Unterdrückung. (...) Befreiung ist direkte Aktion. Eigeninitiative kann nur radikal leben und sich verbreiten, kann ihrem Wesen nach weder mit Herren noch mit Staat noch versklavten öffentlichen Meinungen, Massen und Klassen verhandeln und handeln. (...) Freiheit für Pierluigi! Freiheit für alle! Nieder mit den Knästen!*

Unterzeichnet ist die Erklärung mit Marco Camenisch.

Mit wem solidarisiert sich Camenisch? Mit dem Drogenhändler El Boussaidy, dem Raubmörder Gritti, dem Todesschützen Facchinetti und den andern Schwerverbrechern, die mit ihm geflüchtet sind? Und: Was ist Camenischs Vater Bartholome von Beruf? Antwort: Grenzwächter, ein «Uniformträger» der «im Solde des Staates» steht.

Die Bergamasker Gritti und Lazzarin führen ihr Leben als bewaffnete Banditen weiter. Lazzarin wird sieben Jahre nach der Flucht aus Regensdorf bei einem Banküberfall erschossen. Gritti gibt seine Verbrecherlaufbahn nach ständigem Rein und Raus aus dem Knast im Alter von 60 Jahren auf. Pierluigi Facchinetti wird wegen Mordes an Aufseher Jenni und Mordversuch an Kottmann vom Geschworenengericht Winterthur zu 17 Jahren Zuchthaus verurteilt. Nach zwei Jahren hinter Gittern kann er erneut ausbrechen. Er wird verhaftet, sitzt wiederum im Gefängnis, bricht erneut aus und wird auf der Flucht von Carabinieri getötet.

Camenischs Bekennerschreiben «Sie wollen unsere Herren sein» erinnert in Inhalt und Sprachduktus an den berühmt-berüchtigten Satz der RAF-Terroristin Ulrike Meinhof: «Natürlich kann geschossen werden.» (Anhang 5, Seite 185)

Das Fahndungsplakat von Marco Camenisch, das auf jedem Polizeiposten und an allen Grenzübergängen hängt, zeigt einen jungen Mann mit Bart und langen Haaren. Das Foto trägt den Vermerk: «Körpergrösse 172 cm; Augen: braun; Vorsicht: ist bewaffnet!» und hängt auch über dem Arbeitstisch seines Vaters, Grenzwacht-Postenchef in Campocologno im Puschlav. Nach dem Ausbruch von Camenisch werden die Wohnung seiner Eltern, die seiner Ehefrau Barla samt Tochter Lena und die von zahlreichen Freunden und Sympathisanten polizeilich durchsucht und nach Hinweisen über den Aufenthaltsort des Flüchtigen gefahndet. Ohne Ergebnis.

Lena Camenisch erzählt: «Ich war in der ersten Primarschulklasse, als mein Vater aus dem Gefängnis Regensdorf geflüchtet ist. Die nächsten sechs Jahre führte mich der Schulweg in Chur täglich am Fahndunsplakat von Marco vorüber. In der Mittelschule bekam das Bild meines Vaters neue Konturen. Einige meiner Mitschülerinnen am Gymnasium sahen in Marco Camenisch einen Helden, der sich gegen Umweltzerstörung und Elektrokonzerne zur Wehr gesetzt hat und für seine ‹gerechtfertigten› Taten vom Staat drakonisch bestraft worden ist. Von dieser Einschätzung habe auch ich profitiert, fiel doch etwas vom Verwegenen, das meinen Vater umgab, auch auf mich, seine Tochter. Vielleicht habe ich damals diese Aura des Heldenhaften – unbewusst – auch ein wenig kultiviert. Und es hat mir gewiss geholfen, mit der Belastung, der meine Mutter und ich durch die Ungewissheit des Schicksals von Marco ausgesetzt waren, besser umzugehen. Ich wurde durch meine Mutter politisiert, sie war in der Flüchtlingshilfe aktiv. Aber durch die Tatsache, dass Marco Camenisch mein Vater war, wurde ich schon als Kind mit politischen Themen konfrontiert. Als Gymnasiastin und später während des Studiums habe ich mich gelegentlich politisch engagiert. Aber ich habe mich nie einer politischen Ideologie verschrieben. Auch hatte für mich das politische Engagement von Marco einen bitteren Beigeschmack, da es ja mehr oder weniger direkt negative Auswirkungen auf mich hatte oder ich es zumindest so empfand. Marco hat sich ja für den Kampf und gegen die Familie entschieden. Bis zu einem gewissen Grad konnte ich die Sprengstoffanschläge auf die Elektromasten der NOK nachvollziehen. Bei allen ambivalenten Gefühlen Marco gegenüber – und ich sage bewusst Marco, denn als Papa habe ich ihn nie empfunden und erlebt –, war zu jener Zeit wohl auch etwas wie Stolz dabei, seine Tochter zu sein.»

## Wildspargeln und Partisanennester

Zehn Jahre lebt Camenisch in der Illegalität. Über diese Zeit gibt er wenig Einzelheiten preis, zum Schutz von Leuten, die ihm Unterschlupf gewährt haben. Selbst seinen Sympathisanten in Zürich, Bern und Basel und seiner Tochter Lena bleibt dieser Lebensabschnitt verschlossen. Lapidar sagt er: «*Das Jahrzehnt im Untergrund war ein sehr schöner, sehr wichtiger und sehr spannender Abschnitt in meinem Leben.*»

Dreissig Jahre später erzählt mir Marco Camenisch aus seiner Zeit auf der Flucht: «*Es war Weihnachten, als ich mich auf den Weg gemacht habe. Das ist eine gute Zeit, um zu reisen. Viele Leute sind unterwegs, die Züge überfüllt. Mit einem gefälschten Personalausweis und einer kleinen äusseren Veränderung – Bart ab, Haare kurz – bist du einer von Tausenden von Touristen, die über die Festtage nach Süden oder zum Skifahren in die Berge reisen. In diesen Urlaubsmassen fällst du nicht auf, kannst von einem sicheren Quartier aus Kontakte knüpfen zu Genossen, die dich kennen und dich aufnehmen. Italien wäre mir am nächsten gelegen, von seiner Sprache, seiner Kultur und seiner starken anarchistischen Bewegung her. Aber Italien war zur Zeit meiner Flucht ein schlechtes Terrain, machten doch die italienischen Sicherheitskräfte wieder mal blindwütig Jagd nach allem, was sie als ‹staatsfeindliche Elemente›, bezeichneten. Ich bin dann vorerst in einen kleineren Ort gezogen, dessen Gemeinschaft und dessen Solidarität mit radikalen politischen Akteuren mir im Knast von einem Genossen empfohlen worden ist. Dort habe ich mich ausgeruht und dann ein Netz von Kontakten geknüpft, sichere und lebenswerte Orte ausgelotet und nach Gruppen Ausschau gehalten, deren Kampf ich aktiv unterstützen könnte.*

*Am Anfang ist es hart im Untergrund, in der Illegalität, im Versteckten zu leben. Hast du keine starke innerliche ideologische und menschliche Stabilität, läufst du Gefahr unterzugehen. Im Untergrund lebst du 24 Stunden am Tag mit der Gefahr, ergriffen oder getötet zu werden. Oder töten zu müssen. Das verursacht Dauerstress. Gleichzeitig ist es eine Periode, in der ich die wahrhaftigste Freiheit geniessen konnte. Im Untergrund musst du auch möglichst rasch die Fähigkeit entwickeln, Menschen richtig einzuschätzen. Das bedeutet, wenn du eine Beziehung eingehst, wird sie hochwertig, solide, intensiv. Leben im Untergrund lehrt und zwingt dich, zu erkennen, was richtig und was falsch ist. Du bist zu echter Selbstbestimmung fähig, und das ermöglicht dir, Regionen, Orte und Menschen zu finden, bei denen du dich aufgehoben und sicher fühlst, die dir eine Solidargemeinschaft bieten, von der aus du kämpfen kannst.*

*Oft leben in solchen Orten starke Asylgemeinschaften, politische Flüchtlinge. Zu meiner Zeit in der Illegalität beispielsweise, also in den 80er-Jahren, waren es viele politisch Verfolgte, Kurden, Menschen aus dem Maghreb und aus lateinamerikanischen Diktaturen. Du fühlst dich ihnen und ihrem Kampf in der Immigration verbunden. Sie werden deine Freunde und Genossen und eröffnen dir neue Kontakte und Fluchtorte. Du triffst im Untergrund aber auch auf intakte politische Strukturen, die historisch gewachsen sind, die aus der Zeit der Partisanenkämpfe in Spanien oder Jugoslawien stammen. Solche Gruppen und Orte hätten es mir ermöglicht, eine ruhige Kugel zu schieben, sind aber für mich nicht in Frage gekommen, weil sie zwar klandestine politische Flüchtlinge und polizeilich Gesuchte aufgenommen, aber dem militanten politischen Kampf abgeschworen haben.*

*Ich habe mir in den Jahren der Illegalität stets Gemeinschaften ausgesucht, in denen ich nicht nur leben, sondern auch arbeiten, also für meine Existenz selbst aufkommen konnte, und wo ich Kampfgefährten fand. Die Jahre auf der Flucht mit all den Begegnungen mit ähnlich Gesinnten haben meine Identität als Anarchist gefestigt. Meine Flucht- und Aufenthaltsorte müssen unerwähnt bleiben, ich kann aber sagen, dass du auch ‹weitergereicht› wirst, bis nach Übersee. Wo du als Illegaler und Gejagter von Interpol und Aktenzeichen XY besser nicht hinfliegst, aber ganz ohne Schwierigkeiten und Risiko auf einem Schiff hinkommst. Wie lange ich auf der zehnjährigen Flucht ausserhalb Europas gelebt habe, ist unwichtig. Wichtig ist zu wissen, dass ich aus den Bündner Bergen komme, dass mein erstes politisches Ziel der militante Kampf gegen die Zerstörung der Alpenlandschaft ist. Daraus folgt, dass mein Kampfgebiet nicht Venezuela, Chile oder Algerien sein kann, sondern die Alpen, nicht die Metropolen der Grossstädte. ‹Die Innereien des Ungeheuers› sind hier, wie der verstorbene Genosse Jüre Wehren mal gesagt und folgende Episode erzählt hat: 1964 begegnete der Schweizer Jean Ziegler, Soziologe, Schriftsteller und späterer* UN*-Beauftragter für das Recht auf Nahrung, dem Comandante und Arzt Che Guevara an der Unctad-Konferenz in Genf. Der damals 20-jährige Student Ziegler, der die dreiköpfige kubanische Delegation in seinem kleinen schwarzen* MORRIS COOPER *durch Genf chauffierte, bewunderte Che. Eines Abends bat er Che, ihn nach Havanna mitzunehmen. Vor dem Fenster des Hotelrestaurants in Genf leuchteten die Reklametafeln der Banken, Versicherungen und Juweliere. Mit seiner ‹ein wenig heiseren, warmen Stimme› antwortete Che Guevara: ‹Siehst du diese Stadt, in diesem schönen Land Schweiz? Hier bist du im Gehirn des Ungeheuers! Was willst du mehr? Dein Schlachtfeld ist hier.›*

*Che hat recht, unser Kampf, der von Ziegler wie der von Jüre Wehren und mir, ist hier, im Herzen der Finanzoligarchie, der babytötenden Nahrungsmittelkonzerne, der verbrecherischen internationalen Rohstoff- und Waffenhändler, der ausbeuterischen Multis und Elektrokonzerne. Ich bin ein ‹ragazzo del paese delle alpi›, also weiss ich, wo ich kämpfen muss. Meine engere Heimat ist dort, wo die Menschen leben, die – als Ökoanarchisten bezeichnet – auch mit Gewalt gegen den Wahn der Zivilisation, gegen die Zerstörung der natürlichen Umwelt, der Alpen kämpfen. Das können Italiener, Franzosen, Österreicher, Slowenen, Kroaten sein. Ihr Schlachtfeld ist mein Schlachtfeld.*

*Dass ich während meiner Flucht immer auch wieder hierhin zurückgekommen bin, hängt ganz einfach damit zusammen, dass mich Heimweh nach meinen Lieben geplagt hat. Ich war deshalb während all der Jahre in der Illegalität mehrmals in der Schweiz und habe meine Eltern getroffen – mit Hilfe Dritter, manchmal mit grossem logistischem Aufwand, um sie in einem sicheren Versteck treffen zu können. Klar war das ein riskantes Unterfangen. Aber du entwickelst im Untergrund einen Instinkt, der dein Gefühl für die Gefahren des Ergriffenwerdens schärft. Wichtig ist gleichzeitig, dass du als Gejagter versuchst, selber Jäger zu sein, und dich nicht in die Enge treiben lässt, sondern dein Revier weit fasst und dich möglichst frei bewegst. Als polizeilich Gesuchter darfst du dich auch nie zu lange am selben Ort aufhalten, sondern musst den Standort, sei er in Spanien, Portugal oder Italien, immer wieder wechseln. Auch in Massa Carrara, in der Toskana, habe ich entgegen anderslautender Behauptungen nie über längere Zeit gewohnt.*

*Den Carabinieri bin ich nicht aufgefallen, die hatten in diesen Jahren in dieser Gegend Wichtigeres zu tun, als sich einen kleinen Fisch wie mich näher anzusehen. Aber ja, ganz so klein war ich in Wirklichkeit natürlich nicht. Ich war weiter aktiv im bewaffneten Kampf, mit der ganzen Palette, das heisst, mit Planung, Vorbereitung und Durchführung von militanten Aktionen und Anschlägen. Dazu zählten selbstverständlich Raubüberfälle zwecks Alimentierung der Kriegskasse oder ganz einfach für soziale Zwecke am Ort, wo du lebst. Was ich genau getan habe und wo, das muss mein Geheimnis bleiben. Aber betreffend Attentate, da sind ja bekanntlich Objekte dabei, beispielsweise Hochspannungsleitungen der italienischen Elektrizitätsgesellschaft* ENEL, *Sendemasten des italienischen Fernsehens* RAI *oder Einrichtungen von im Bau befindlichen Strecken für Hochgeschwindigkeitszüge, die logischerweise mit mir in Verbindung gebracht werden. Dass ich so lange unentdeckt im Untergrund leben konnte, hängt sicher damit zusammen, dass ich all die Jahre ein zurückhaltendes Leben in einfachen Verhältnissen geführt habe.»*

In einer polizeilichen Einvernahme wird Marcos Mutter im Dezember 1989 Angaben machen über die Kontakte zu ihrem im Versteckten lebenden Sohn: Das erste Treffen nach der Flucht aus Regensdorf fand in Palermo statt. Weiter trafen sie sich in Catania und in den letzten Jahren der Flucht mehrmals in Oberitalien, etwa in Bologna, in Varenna am Comersee; einige Male in Chiesa di Valmalenco, in Chiuro, in Teglio. Auch Marcos Bruder Renato und der Vater sollen mal dabei gewesen sein. «Frau Camenisch-Gehrig Annaberta hat zugegeben, ihrem Sohn bei verschiedenen Treffen jeweils einige tausend Franken und Lire gegeben zu haben», steht im Polizeiprotokoll.

Carrara, in der Toskana, ist der Ort, an dem sich Marco Camenisch während der Flucht am häufigsten aufhält und wo er sich zu Hause fühlt, wohin er immer wieder zurückkehrt, wenn oft auch nur tage- und wochenweise. Carrara liegt in den Apuanischen Alpen in der Provinz Massa-Carrara. Die Kleinstadt ist bekannt für ihren weissen Marmor und ihre Bildhauerakademie. Zu den berühmtesten Bürgern Carraras zählen renommierte Bildhauer wie Francesco Sanguinetti und der Fussballweltmeister Gianluigi Buffon oder der Mussolini-Attentäter und Anarchist Gino Lucetti (Anhang 6, Seite 186).

Seit den 40er-Jahren ist Carrara eine anarchistische Hochburg. Am Ende des Krieges – Strassen, Brücken und Fabriken sind zerstört, die Arbeit lahmgelegt, das Volk hungert – beginnt die Bevölkerung unter Führung anarchistischer Partisanen mit dem Wiederaufbau der Stadt. Es entstehen Konsumgenossenschaften und Kinderheime. Die Anarchisten sorgen für Demokratie, indem sie kommunistische wie neofaschistische Diktaturversuche im Keime ersticken und selbst Versammlungen der Katholiken unter ihren Schutz nehmen.

In den 80er-Jahren wird die Provinz Massa-Carrara zum Rückzugs- und Aufmarschgebiet der Brigate Rosse. Gleichzeitig entsteht eine militante Umweltbewegung – ein fruchtbarer Boden für einen Mann wie Camenisch. Die *ecoterroristi,* die Ökoterroristen, geniessen viel Sympathie in der Bevölkerung. Tausende machen mit bei Demonstrationen gegen den Chemiemulti MONTEDISON in Marina die Carrara, der die Region nach einem Unfall mit Dioxin vergiftet hat. Auch Sabotageakte gegen Strassenbauten und Sprengungen von Elektromasten stossen bei einigen Bewohnern der Region auf Verständnis.

In der piemontesischen NUNATAK (Zeitschrift für Geschichten, Kulturen und Kämpfe in den Bergen) beschreibt Marco Camenisch einen Sprengstoffanschlag in Carrara (Auszüge, übersetzt aus dem Italienischen): «*Ich hatte den letzten Bergkamm erreicht, der von Campo Cecina nach Carrara hinunterführt, wo noch die Überreste einer halb in den Fels geschlagenen kleinen Partisanenstellung stehen (...), als ich das Brummen eines Motors und das plötzliche Donnern des Dynamits hörte. Das Geräusch des Motors verstummte augenblicklich. (...) Das von dichten Kastanienwäldern der Hänge gedämpfte Echo machte es schwierig, zu verstehen, ob es nur ein Knall war oder mehrere. Sicher aber geschah die Detonation auf der Strasse, die zu den kleinen Dörfern der Bauern und Steinbrucharbeiter hinauf und dann in die Lunigiana hinabführt, in diese zauberhafte hügelige Landwirtschaftsregion zwischen den Apuanischen Alpen und den toskanischen Apenninen. Es ist die Strasse, die weiter oben abzweigt, zu den Marmorsteinbrüchen, zur Berghütte und zum gut besuchten Restaurant, von wo aus an klaren Tagen am Horizont über dem Meer die weit entfernten Inseln Korsika und Elba sichtbar werden. Es ist eine Hochebene, die zu Partisanenzeiten aus wenigen Maschinengewehrnestern von KämpferInnen gut verteidigt werden konnte und während der Resistenza den Partisanen sicherer Stützpunkt war.*

*Es muss den Linienbus getroffen haben, dachte ich erschüttert. (...) Wer weiss, vielleicht eine besonders wüste (...) Provokation der Bullen und Faschisten, um die Tat dann den ‹Anarchisten› in die Schuhe zu schieben. Aber glücklicherweise traf diese fürchterliche Annahme nicht zu. Schon am Abend wurde in den einschlägigen Bars beim Kaffee und bei nicht wenigen ‹biccierett› (kleine ortsübliche Gläser für den einheimischen Wein) erzählt, was geschehen war und warum: Ein Gemeinderat von Carrara besass ein Landhäuschen unterhalb des Bergkamms. Die dazu gehörenden Felder werden noch bebaut. Sie ziehen sich terrassiert den steilen Rücken hinab, bis in die ersten proletarischen Quartiere Carraras, gesäumt von jahrhundertealten Steinplatten, die noch immer halten, besser als der Belag jeder modernen Strasse. Nun war es dem Gemeinderat gelungen, das Projekt einer breiten, befahrbaren Strasse durchzudrücken, die den Hang über dem Tal bis zu seinem Land durchpflügen sollte. (...) Der steile Hang, wo die Strasse hätte gebaut werden sollen, ist oberhalb der terrassierten Felder zerklüftet und wild, bewachsen mit essbaren Wildgräsern, Pflanzen und Kräutern, die ich oft für Tee und Gemüsesuppen gesammelt habe. Und erst die feinschmeckenden Wildspargeln – eine Delikatesse. (...) Das grosse Gefälle des Hanges hätte für den Strassenbau sehr viel Abbau verlangt, sehr tiefe Wunden in die Landschaft geschlagen. Die Leute des darunterliegenden Dorfes befürchteten Bergrutsche und die Zerstörung ihrer Trinkwasserquellen. (...) Was konnten sie tun, diese Bauern- und Arbeiterfamilien, mit ihren Männern, die in den Steinbrüchen für kargen Lohn ihrer harten und gefahrvollen Arbeit nachgingen, gegen das Ansinnen des Gemeinderates? (...)*

*Aber halt, in diesem ‹kleinen Fall› konnten sie etwas tun. Dieses rebellische Partisanengebiet, diese Gegend voller Leute mit Erfahrung und Erlaubnis im Umgang mit Sprengstoff, verzeichnete einen Sieg! Kaum haben die Abbauarbeiten für die Strasse begonnen, wurden die grossen, gierigen Schaufelbagger in die Luft gejagt. Es war von geschickten Händen die Rede, von kleinen Sprengladungen am richtigen Ort und zur richtigen Zeit, um eventuelle Passanten oder vorbeifahrende Fahrzeuge auf der Hauptstrasse nicht zu gefährden. Der Gemeinderat hat schleunigst den Verzicht auf den Bau der Zufahrtsstrasse erklärt, aus purer Angst vor weiteren Anschlägen, wie er sagte. (...)*

*Die Moral der Geschichte? Diese Herrschaften verzichten auf ihre Todesprojekte nur, wenn sie von starkem und klarem Widerstand gezwungen werden!»*

Marco Camenisch lebt in der Altstadt von Carrara, in einem kleinen Zimmer eines mehrstöckigen Hauses an der Via San Pietro 13 a. Das Haus gehört der Cooperazione Tipolitografia und wird von einem anarchistischen Kollektiv bewohnt. Im Erdgeschoss sind eine Druckerei und eine Buchhandlung untergebracht. Eine enge Treppe führt in den ersten Stock in eine riesige Küche. Zwischen den Wänden aus fahlem Verputz steht ein raumfüllender Tisch aus rohen Brettern. Über der Küche liegen ein paar spartanisch eingerichtete Räume.

In diesem Haus geht Martino, alias Marco Camenisch ein und aus. Er ist beliebt im Quartier, wird als freundlich, fröhlich, humorvoll und hilfsbereit geschildert. Martino, ein Schweizer Lehrer auf Urlaub, wie die Nachbarn glauben, trägt den alten Frauen der Altstadt die Einkaufstaschen die steilen Treppen zum Haus hoch und hackt Holz, damit die *nonnas* im Winter nicht frieren hinter den brüchigen Gemäuern ihrer Wohnung. Zum Geldverdienen arbeitet Martino auf dem Bau, ein andermal in der Landwirtschaft oder in der hauseigenen Druckerei. Abends sitzt er mit den Genossen und Genossinnen bei Pasta und Vino am langen Holztisch, raucht einen Joint und diskutiert über die Macht des Staates und ihrer Söldner.

Über diese Zeit wird Camenisch später eine *Geschichte für alle Kleinen und Grossen, die eine gerechtere Welt wollen* schreiben. Auszüge: «*Die Fassade des Altstadthauses, hinter der gedruckt und gewohnt wird, sah immer trauriger aus, von Wind und Wetter verwittert. So kamen viele Leute, die gut malen können, und malten schöne kleine und grosse Bilder auf die Mauern. (...)*

*Eines dieser Wandbilder ist dem Baffardello gewidmet. Der Baffardello ist ein Kobold. Er wohnt in den die Apuane umgebenden Wäldern. Es ist sehr schwierig, diesen Kobolden zu begegnen. Sie sind sehr rührig, aber immer im Versteckten. Doch manchmal gehen die Baffardelli unter die Leute, um mit schlechten Menschen allerlei Schabernack zu treiben und um den guten Menschen Gutes zu tun. (...)*

*Auch ein Zirkel von Anarchofrauen und -männern und -kindern in Carrara heisst ‹Il Baffardello›. (...) Vor vielen Jahren lebte auch ich in diesem Zirkel, und obwohl wir selten gleicher Meinung waren und viel stritten, teilten wir die viele Arbeit und das wenige Brot, das wir damals kaufen konnten. Wir halfen uns gegenseitig. Lebten glücklich zusammen und freuten uns immer, wenn wir Besuch hatten.*

*Am Anfang war ich dort ein Fremder, aber nur, bis die Leute merkten, dass ich aus den Alpen kam und ich die Apuane, die kleine Schwester der Alpen, genauso liebte wie sie, und dass die einheimischen Baffardelli auch mich auf meinen vielen Streifzügen durch die Apuane in ihre Geheimnisse eingeweiht hatten. Darüber durfte und darf natürlich nicht gesprochen werden, sonst kommt die Strafe des Baffardello und es nimmt dir den Zauber, die Kraft und die Güte des Geheimnisses, indem es dir die Erinnerung daran nimmt. (...) Die Leute aber, die den Baffardello nicht verraten haben, erkennen einander und sagen sich dann beiläufig und unauffällig, um das Völkchen ja nicht zu verärgern, listig blinzelnd: ‹Sembri un Baffardello!› (Du siehst wie ein Baffardello aus!). So wissen sie ganz sicher, dass sie etwas Kostbares miteinander teilen. Sehr rasch sagten die Leute dort auch zu mir: ‹Sembri un Baffardello!› Und ich war kein Fremder mehr.»*

Hier der Geschichtenerzähler «Martino» Camenisch, dort der Politautor. Das anarchistische Kollektiv Tipolitografia betreibt neben einer Druckerei und einem Buchladen eine

Schreibwerkstatt, verfasst *Manifesti* gegen den Staat und beliefert anarchistische Zeitungen und Zeitschriften mit subversiven Texten. Das Kollektiv selber gibt ANARRES heraus. Bereits in der ersten Ausgabe im Sommer 1989 verfasst Camenisch unter dem Pseudonym «Spartacus 2001» einen langen Beitrag über den Ausbau der Atomenergie in Europa. Er beschreibt die verheerenden Auswirkungen der atomaren Verseuchung durch den AKW-Unfall in Tschernobyl und auf Three Miles Island und er erklärt ENEL, die staatliche italienische Elektrizitätsgesellschaft, zur Zielscheibe militanter Aktionen.

In einem weiteren Beitrag fragt Camenisch: «*Wem nützt es, beispielsweise für ein Quartierzentrum zu kämpfen, ohne gleichzeitig gegen die fortgeschrittene und rasende Zerstörung des Planeten zu kämpfen? Es ist, wie wenn wir eine Kabine retten wollten auf einem Schiff, das lichterloh brennt und sinkt.*»

Die Diskussionen im anarchistischen Kollektiv in Carrara werden heftiger. Sind tödliche Anschläge und Entführungen, wie sie Brigate Rosse gegen Exponenten der Staats- und Wirtschaftsmacht anwenden, legitim? Durch das Lager der Ökomilitanten geht ein Bruch. Auf der einen Seite stehen die Reformisten, die Gewalt grundsätzlich ablehnen, aber mit direkten Aktionen, wie sie GREENPEACE praktiziert, einverstanden sind. Auf der andern Seite die Anhänger des militanten, bewaffneten Kampfes gegen Staat und Wirtschaft, gegen die Urheber und Hauptverantwortlichen für die Zerstörung der Umwelt. Wo Camenisch steht, ist eindeutig. Seinem früheren Geografielehrer Paul Dürr wird er Jahre später schreiben: «*Leider gehört die bürgerliche Linke, dabei vor allem die Sozialdemokratischen Parteien historisch und bis heute, nicht zu den besten Adressen für Sozialrevolutionäre und das für seine Emanzipation kämpfende Volk, (...). Obwohl ich kein Marxist bin, es stimmt halt, dass Regierungen und Parlamente die Geschäftskommission der Bourgeoisie sind.*»

Marco Camenisch ist kein Marxist. Kein Leninist. Kein Trotzkist. Kein Maoist. Er habe sich intensiv mit diesen Lehren auseinandergesetzt, sagt er, aber alle verworfen, weil ihn der komplizierte theoretische Überbau dieser Ideologien nicht überzeuge. Ihn interessiere ganz grundsätzlich und ausschliesslich die revolutionäre Tat und nicht die Theorie. «*Eine herrschaftsfreie Gesellschaft. Kein Staat. Keine Hierarchie. Überschaubare Gemeinschaften von selbstbestimmten, wehrhaften und freien Menschen. Ich bin Anarchist.*» (Anhang 7, Seite 187)

## Tod eines Grenzwächters

Am 7. Oktober 1989 stirbt in Brusio, im Puschlav, Bartholome Camenisch, pensionierter Grenzwächter und Kirchenratspräsident, nach kurzer schwerer Krankheit. Der evangelische Pfarrer Francesco Scopacasa ist in den letzten Stunden bei ihm. Oft haben die beiden über Marco geredet, über die Traurigkeit, die seit zehn Jahren über der Familie liegt. Die letzten Worte des Sterbenden gelten seinem Sohn: Francesco, der Pfarrer, soll für Marco beten.

Mutter Annaberta Camenisch sagt im Film *Mit dem Kopf durch die Wand:* «Die Krankheit meines Mannes kam ganz plötzlich. Marco wusste davon. Ich habe mir gedacht, dass er nun bald auftauchen wird.»

Das hat sich auch die Bündner Polizei gedacht und drei Beamte freigestellt, um das Wohnhaus der Camenisch rund um die Uhr zu observieren. Beim Begräbnis, am 11. Oktober, umstellt eine Sondereinheit der KaPo Graubünden den Friedhof. Doch der Sohn kommt nicht.

Am Tag nach der Beerdigung fährt die Mutter in Begleitung von Anita Scopacasa, der Frau des Pfarrers, ins Veltlin, wo sie sich in der Bar «Italia» in Teglio mit Marco treffen: «Nach dem Essen entfernte sich Camenisch Marco mit einem öffentlichen Bus», steht in einem Protokoll der Bündner Kantonspolizei. Und: «Frau Camenisch-Gehrig Annaberta und Frau Scopacasa Anita fuhren nach Campocologno zurück.»

Marco Camenisch besucht das Grab seines Vaters sieben Wochen später, am Sonntag, 3. Dezember 1989. Es wird ein schicksalhafter Tag.

Am Sonntag, 3.Dezember 1989, kurz vor 5 Uhr in der Frühe, nach einem starken schwarzen Kaffee, tritt Grenzwachtkorporal Kurt Moser leise aus der Wohnung. Seine Frau Danila und der zweijährige Sohn Marco schlafen tief. Noch ist es Nacht im Dorf Poschiavo.

Der aus Solothurn stammende Kurt Moser tut seit einem Jahr Dienst im Puschlav, dem italienischsprachigen Bündnertal hinter der Bernina. Seine Frau ist hier aufgewachsen. Moser ist ein leidenschaftlicher Berggänger. Der Posten Poschiavo ist genau das Richtige für ihn und seine junge Familie.

Der Grenzwächter fährt mit seinem grünen VW GOLF einige Kilometer auf der Kantonsstrasse, zweigt dann auf die parallel verlaufende Gemeindestrasse und passiert die Dörfer Cologna, Prada, Canton und Le Prese. Moser fährt weiter südwärts Richtung Grenze, dem Lago di Poschiavo entlang nach Miralago, wo er sich um 7.20 Uhr kurz per Funk beim Grenzposten Campocologno meldet.

Ein milder, wolkenloser Tag kündigt sich an. Langsam wird es hell. Personenwagen sind um diese Zeit kaum unterwegs. An Sonntagen ist es ruhig auf der Berninastrasse.

Beim Durchfahren des Weilers La Pergola, einen knappen Kilometer südlich von Brusio, sieht Moser einen Mann, der ihm auf der linken Strassenseite entgegenkommt. Der junge Grenzwächter fährt nach einigen Metern von der Strasse auf den Vorplatz einer Scheune und steigt aus dem Wagen. Der Fremde ist inzwischen zügig weitermarschiert. Er trägt einen dunkelblauen, knielangen Stoffmantel, eine dunkle Hose und schwere Schuhe. Er hat ein schmales Gesicht, nach hinten gekämmte Haare und einen langen Bart. Über der Schulter hängt eine blaue Sporttasche.

Kurt Moser folgt dem Mann für eine Personenkontrolle. Als er den Unbekannten fast eingeholt und ihn aufgefordert hat, stehen zu bleiben, dreht sich dieser mit einem Revolver in der Hand um. Korporal Moser bleibt keine Zeit, nach der Dienstwaffe zu greifen. Der 36-Jährige sinkt von drei Kugeln getroffen auf die Strasse. Ein Schuss ist auf der Höhe des Hosenbundes in den Unterleib eingedrungen. Ein zweiter steckt in der linken Stirn. Der dritte ist über dem rechten Ohr eingedrungen und oberhalb des linken Mundwinkels ausgetreten, wie im gerichtsmedizinischen Bericht geschrieben steht.

Rino Zala, Mechaniker, 60 Jahre alt, sitzt um 7.30 Uhr in der Küche beim Kaffee. Er hört vor dem Haus einen Wagen und schaut durchs Fenster, wo er einen Unbekannten bei der Tanksäule stehen sieht. Er tritt auf die Terrasse. Sein Blick fällt auf einen Dienstwagen, der vor der Scheune neben seinem Haus steht. Ein paar Meter entfernt liegt ein Grenzwächter auf dem Boden. Zala sieht, wie der Unbekannte die Kantonsstrasse überquert und auf einem Seitenweg entschwindet. Teresina Zala-Lardi, die Frau des Automechanikers und Garagenbesitzers, alarmiert die Polizei. Es ist 7.45 Uhr.

Einen knappen Kilometer vom Tatort entfernt klopft zehn Minuten später ein Mann an die Haustür des Pfarrhauses. Anita Scopacasa öffnet. Vor ihr steht Marco Camenisch, zerzaustes Haar, eine Tasche unter dem Arm. Er sei nach Brusio gekommen, um das Grab des Vaters zu besuchen, sagt er der Pfarrersfrau, die Kaffee, Brot, Butter und Konfitüre auf den Tisch stellt. Dann ruft sie ihre Freundin Annaberta Camenisch an und bittet sie, rasch herzukommen. Marco sei hier.

Als sich Mutter und Sohn wenig später im Pfarrhaus in die Arme schliessen, sagt Marco: «*Bin bim Papa gsi.*» Sie sprechen zwanzig Minuten miteinander. Auch Marcos Bruder Renato ist dabei. Dann fahren die beiden nach Hause, in den sieben Kilometer südlich von Brusio gelegenen Weiler Zalende bei Campascio. Marco Camenisch bleibt im Pfarrhaus.

Kurz nach 9 Uhr verlässt der Pfarrer das Haus, um das Abendmahl und die Kirchgemeindeversammlung vorzubereiten. Auch Anita Scopacasa geht. Sie muss um 10 Uhr mit dem Kinderlehre- und Gesangsunterricht beginnen. Nach dem Gottesdienst, kurz vor 11, erzählt der Sigrist, am südlichen Eingang des Dorfes sei ein Grenzwächter erschossen worden. Pfarrer Francesco Scopacasa erstarrt.

Als er und seine Frau kurz vor Mittag ins Haus zurückkehren, steht Camenisch mit einem kleinen Fernrohr am Fenster. Über dem Dorf knattern Polizeihelikopter. Hunde bellen. An allen Ecken stehen Uniformierte in kugelsicheren Westen. Neben der Kantonsstrasse durchs Puschlav und an der Grenze zu Italien sitzen Scharfschützen im Gebüsch. Das Radio berichtet von der Bluttat in Brusio und warnt vor dem flüchtigen Gewaltverbrecher, der gemäss Augenzeugen ungefähr 170 cm gross sei, dunkles Haar und einen langen Bart habe und einen knielangen Mantel trage.

«Ob er etwas wisse?», fragt der Pfarrer. *«Mein Gott, nein!»*, antwortet Camenisch. *«Aber jetzt werden sie sicher sagen, ich sei der Mörder.»*

Anita und Francesco Scopacasa bitten Camenisch, das Haus zu verlassen. Er weigert sich. Die Pfarrersfrau ruft ihre Freundin Annaberta an. Marcos Mutter sagt, die Strassen seien mit Polizisten verstopft. Sie könne vorläufig nicht aus dem Haus. Also setzt sich der Pfarrer, in Erinnerung seiner seelsorgerischen Pflicht, an den Tisch und beginnt mit seinem ungebetenen Gast ein schwieriges Gespräch.

Francesco Scopacasa, 62 Jahre alt und weit über das Tal hinaus bekannt für das *Wort zum Sonntag*, das er regelmässig im Tessiner Fernsehen spricht, erzählt seinem Gast, auch er sei mit vielem nicht einverstanden in dieser Welt, sei manchmal verzweifelt und ratlos über Hass, Habgier, Unterdrückung und Ungerechtigkeiten. Aber Änderungen müssten friedfertig, demokratisch, christlich erkämpft werden. Der Geistliche redet von Jesus, Martin Luther King, Mahatma Gandhi, von der Kraft der Gewaltlosigkeit und vom richtigen Weg, den zu begehen es nie zu spät sei.

Marco Camenisch antwortet, das alles sei zwar gut, nur nütze es nichts. Er habe deshalb einen andern Weg gewählt. Den Weg des bewaffneten Kampfes. Er befinde sich im Kriegszustand, werde eingekerkert, verfolgt, gejagt. Wenn jemand versuchen sollte, ihn zu fangen, dann wäre er bereit zu töten, zuerst das Leben des anderen, dann das eigene Leben. Er halte es mit Bertolt Brechts *Lehrstücken,* wo es im Kapitel *Massnahmen* heisse: «Furchtbar ist es zu töten. Aber nicht andere nur, auch uns töten wir, wenn es nottut. Da doch nur mit Gewalt diese tötende Welt zu ändern ist, wie jeder Lebende weiss.» Dann sagt Marco Camenisch noch einmal, der Tod des Grenzwächters sei nicht seine Tat, sondern ein furchtbarer Zufall.

Anita Scopacasa sitzt auf dem Sofa, Schrecken im Gesicht. Als wieder ein Helikopter über dem Haus kreist, steht sie auf und tritt ans Fenster. Mit einem Zeichen versucht sie, den Piloten auf ihre Lage aufmerksam zu machen. Camenisch erkennt die Absicht der Pfarrersfrau und bittet sie, solches gefälligst zu unterlassen. Das Telefon klingelt. Eine Verwandte aus Chur ruft an und will wissen, ob es wahr sei, was man sich erzähle, dass Marco Camenisch, seit acht Jahren auf der Flucht, am Morgen in Brusio einen Zöllner ermordet habe. Sie wisse nichts, sagt Frau Scopacasa und verabschiedet sich. Nochmals fleht das Pfarrerehepaar den verlorenen Sohn ihrer Freundin Annaberta an, das Haus zu verlassen. Vor Einbruch der Dunkelheit sei das nicht möglich, antwortet Camenisch.

Es ist 16 Uhr. An den Strassensperren am Berninapass und an der Grenze in Capocologno wird jedes Fahrzeug durchsucht. Die Gesichter der PW-Lenker und ihrer Mitfahrer werden mit dem Phantombild verglichen, das seit Mittag auf allen Polizei- und Grenzposten hängt. Erstellt wurde das Fahndungsfoto von einem Spezialisten der Carabinieri in Tirano, der Kleinstadt im Veltlin, gleich hinter der Grenze. «Sofort wurde eine starke Ähnlichkeit mit dem seit dem 17. Dezember 1981 flüchtigen Camenisch Marco festgestellt», steht im Bericht der Kantonspolizei Graubünden. Die Angaben zum Signalement des Todesschützen lieferte Claudio Bottoni, Maurer, 50 Jahre alt, wohnhaft in Campascio, an der Kantonsstrasse, der dem Täter um 7.30 Uhr begegnet ist. Die KaPo schreibt: «Der Zeuge wollte in den vor seinem Hause abgestellten PW steigen, um nach Norden zu fahren, als er einen ihm unbekannten Mann auf der ‹Via dall'Asilo› Richtung Kantonsstrasse daherlaufen sah. Der Unbekannte ging grusslos an ihm vorüber. Der Zeuge und der Tatverdächtige standen sich einen Augenblick auf einer Distanz von einem halben Meter gegenüber.»

Während Marco Camenisch im Pfarrhaus Brusio immer wieder ans Fenster tritt und mit dem Fernrohr Kirchenplatz, Dorfstrasse und die verschneiten Hänge und Wege über dem Tal beobachtet, dringt in Campocologno Zalende ein Polizeikommando ins Haus der Camenisch ein und durchsucht Wohnung, Dachstock, Keller und Kammern. «Die Kontrolle ist negativ ausgefallen», notieren die Fahnder. Dann setzt sich Untersuchungsrichter Jakob Grob in der Stube zu Annaberta Camenisch und ihrem älteren Sohn Renato. Der Ermittler will wissen, ob Marco am Morgen zu Besuch war und wo er sich nun aufhält. Als die Mutter antwortet, der Sohn sei nicht dagewesen und sie wisse nicht, wo er sei, wird der Untersuchungsrichter grob. Doch die betagte Frau und ihr psychisch kranker Sohn Renato bleiben standhaft.

Um 17.15 Uhr bricht die Dämmerung über das Val di Poschiavo herein. In Brusio brennen seit einer Viertelstunde die Strassenlaternen. Vom Pfarrhaus aus ist im Abendlicht der Schein der Rotlichter von Polizeifahrzeugen zu sehen, die auf der Kantonsstrasse zwischen Berninapass und dem Grenzübergang Campocologno patrouillieren. Marco Camenisch verlangt einen Rucksack und ein paar Tourenski. Als er hört, dass Scopacasas das Gewünschte nicht besitzen, begnügt er sich mit einem Abfallsack. Dann fordert er sie auf, ihn mit dem Auto nordwärts zu fahren. Die Pfarrersleute gehorchen. Francesco Scopacasa sitzt am Steuer, seine Frau daneben, Camenisch in ihrem Rücken. Als sie am Lago di Poschiavo vorbeifahren, blinkt vor ihnen plötzlich ein Licht auf der Strasse. Sie fahren langsam weiter, kreuzen eine Baustelle. Am Ende des Sees, beim Wanderwegschild vor dem Hotel «Le Prese», nimmt Camenisch seine Tasche und steigt aus dem Wagen. Er sagt, dass es wohl besser ist, seinen Besuch zu verschweigen, dankt für die Fahrt, wünscht eine gute Nacht und verschwindet bergan in der Dunkelheit.

Zur gleichen Zeit trifft sich der Polizeichef Graubündens in Chur mit seinen Kommandanten. Weil Sonntag ist, hat es länger gedauert, bis die Männer das Vorgehen besprechen und die Fahndung koordinieren können. Man entscheidet sich, sofort eine Grenadiergruppe ins Gebiet zu bringen, um mögliche Fluchtwege nach Italien abzusperren, und bittet die Kollegen im Sondrio, dasselbe zu tun, insbesondere die Schmuggelpfade ins Veltlin zu observieren. Gleichzeitig ersucht die Bündner Polizei die Sendeleitungen des deutsch-, des französisch- und des italienischsprachigen Fernsehens, in der Hauptausgabe der Tagesschau das Phantombild des Gesuchten zu zeigen und dessen Signalement durchzugeben. «Unbekannter Mann, ca. 30–35 Jahre alt, 166–170 cm gross, schlanke/

magere Statur, dunkle Haare, hohe Stirn, langer Bart, ungepflegte Erscheinung, trug ¾ lange Jacke, hatte Rucksack oder Tasche bei sich.»

Am Montagmorgen orientiert Bundesrat Otto Stich, Herr der Finanzen und der Zöllner, seine sechs Kollegen über die Bluttat in Brusio. Die Landesregierung drückt der Familie des getöteten Grenzwächters ihr tief empfundenes Beileid aus. Obwohl die Staatsanwaltschaft Graubündens bereits am Vortag in Abrede gestellt hat, man fahnde besonders nach dem Sprengstoffattentäter Camenisch, weiss der BLICK, wer der Täter ist: «Drei Kopfschüsse! Grenzwächter ermordet. Polizei jagt den ausgebrochenen Bombenleger Marco Camenisch.» Auch die BÜNDNER ZEITUNG fragt in grossen Buchstaben: «War Marco Camenisch der Täter?» Und: «Ist der Mörder noch im Tal?»

Die Menschen im Puschlav stellen noch eine andere Frage: Weshalb war Grenzwächter Kurt Moser allein auf Diensttour? Die Verantwortlichen vor Ort, an den Polizei- und Grenzposten in Poschiavo und Campocologno, drücken sich um eine Antwort. Dann reagiert der Kommandant der Zolldirektion III, Julius Caluori: «Grundsätzlich hat bei Personenkontrollen jede Intervention zu zweit oder in der Gruppe zu erfolgen. Manchmal müssen wir aber aus personellen Gründen Grenzwachtbeamte mit einem reinen Melde- und Beobachtungsauftrag allein ins Gelände schicken. Einen solchen Auftrag hatte auch der verstorbene Korporal am Sonntagmorgen.»

Die Bündner Behörden setzen eine Belohnung von 20 000 Franken aus für Hinweise, die zur Ergreifung des Flüchtigen führen. Viele melden sich. Ein einziger Hinweis hilft. Ein Heinrich Zibung bezeugt, dem Gesuchten mehrmals begegnet zu sein. Und zwar habe er den Bärtigen am Tag vor der Tat in Tirano in einer Bar gesehen. Aufgefallen sei ihm der Mann, weil er ständig an seinem langen Bart herumgedrückt habe. In der Nacht vor der Tötung des Zöllners sei ihm der Gesuchte an der grünen Grenze zwischen dem Veltlin und dem Puschlav wieder über den Weg gelaufen.

Zeuge Zibung ist der italienischen und schweizerischen Polizei als «Marcello» bestens bekannt. Der 46-jährige Luzerner lebt von Einbruchdiebstählen, wenn er nicht gerade wieder mal im Gefängnis sitzt. Obwohl kein sehr verlässlicher Zeuge, erscheinen die Geschichten des Berufsverbrechers Zibung über seine Begegnungen mit Camenisch für die Ermittler plausibel. Unverzüglich fahren sie nach Campascio, um Annaberta Camenisch und ihren Sohn Renato abzuholen, zum nächsten Verhör auf dem Polizeiposten Poschiavo. Dieses beginnt um 14 Uhr und dauert Stunden. Dann bricht die Mutter zusammen und gesteht, dass sie ihren Sohn Marco am Sonntag im Hause ihrer Freunde Scopacasa getroffen hat.

Um 22 Uhr steigt in Untervaz der Grosshelikopter BELL 205 der AIR GRISCHA in den Himmel. Ein Dutzend Grenadiere der Bündner Kantonspolizei sitzen im Hubschrauber und fliegen nach Brusio, vierzig Minuten später umstellen sie das Haus des Pfarrers, stürmen in die Wohnung, verhaften das Ehepaar. Sogleich beginnt der Untersuchungsrichter mit der Befragung. Es wird eine lange Nacht. Am frühen Morgen ist Schluss. Im Polizeibericht wird vermerkt: «Nach längerem Leugnen gaben sie zu, Camenisch Marco in ihrer Wohnung Unterschlupf gewährt zu haben.» Marco habe allerdings nicht dem Phantombild entsprochen, das landesweit verbreitet und inzwischen im Veltlin und Puschlav an vielen Strassenkreuzungen, Häusern und Gaststätten hängt. Marco habe keinen Mantel getragen, sondern eine Windjacke. Sein Haar sei weder gewellt gewesen noch habe er einen Bart gehabt, sondern ein- bis zweitägige Bartstoppeln.

## Tür zur Reue

Die Aufregung ist gross, als die Leute von der Verhaftung ihres evangelischen Pfarrers und seiner Ehefrau erfahren. Der Reporter Erwin Koch hat damals die Ereignisse und Stimmungen in seiner Geschichte *Puschlaver Bergpredigt – Chronik vieler Grausamkeiten* vor Ort recherchiert und für DAS MAGAZIN festgehalten. Einige Auszüge: «Am Mittwoch nach der Tat gehen an den Stammtischen der Gasthäuser Gerüchte, Scopacasa sei ein Waffenschmuggler, ein Linker, Terroristenfreund. Man erinnert sich, dass der Pfarrer, scheint's, gegen die Ausbaupläne der KRAFTWERKE BRUSIO AG ist. In Le Prese stehen zwei Helikopter der Polizei, sie fliegen und landen, ständiger Lärm zwischen den Felsen. Um 14 Uhr wird in San Carlo die Leiche von Grenzwachtkorporal Kurt Moser in die Erde gelegt. Eine junge Witwe mit einem zweijährigen Kind, das Marco heisst, steht am Grab. Das Tal trauert mit ihr. Der Chefredaktor der BÜNDNER ZEITUNG, Stefan Bühler, schreibt: ‹Der Pfarrer von Brusio wird für seine Haltung büssen müssen.›»

Am Donnerstag nach der Tat werden die Eheleute aus der Haft entlassen. Ein Unbekannter droht am Telefon, das Paar zu töten. Im Briefkasten liegt ein Zettel, auf dem geschrieben steht: «Scopacasa, du Gehilfe eines Mörders. Wir zünden dir deine Kaschemme an, aber vorher schlagen wir dir und deiner alten Drecksau die Zähne ein.» Am 14. Dezember 1989, elf Tage nach dem Verbrechen, verzichtet der Präsident des Evangelischen Kirchenbundes des Kantons Graubünden ausdrücklich auf ein disziplinarisches Verfahren gegen den Pfarrer von Brusio.

Francesco Scopacasa, 62 Jahre alt, beinahe täglich mit Mord bedroht, im Dorf von vielen geächtet, verfasst unter dem Titel *Was hätte Jesus an meiner Stelle getan?* einen langen Aufsatz. Er schreibt: «Es war mir, als verstünde ich – in so klarer Weise vielleicht zum ersten Mal in meinem Leben –, dass die christliche Liebe keine allgemeine, sondern eine konkrete ist. Der Rahmen für meinen Entscheid war gegeben durch die Nähe zu einem Wesen ähnlich einem gehetzten und verlorenen Tier. Ist dieser mein Nächster ein ‹Mörder› oder ist er bloss ein ‹mutmasslicher Mörder›? Bestimmt ist er ein verlorenes Schaf. Was tun? Ich spreche zu meinem Nächsten davon, dass Gott stets eine Tür zur Reue offenhält, und dann telefoniere ich der Polizei und werde möglicherweise für einen Augenblick das heldenhafte Opfer, der vorbildliche, brave, christliche Bürger. Diese Rolle habe ich andern überlassen. Die Bergpredigt Jesu ist und bleibt der Gärstoff einer unaustilgbaren Unruhe in all unseren Reden über Ethik. Selig sind die Barmherzigen, denn sie werden Barmherzigkeit erlangen.»

Der Chef des Unterabschnitts Poschiavo des schweizerischen Grenzwachtkorps und drei Männer aus dem Direktorium der KRAFTWERKE BRUSIO AG sammeln Unterschriften; sie halten fest, dass das Gebaren von Pfarrer Scopacasa mit dem wahren evangelischen Glauben nicht vereinbar sei.

Der Autor Erwin Koch schreibt in seiner *Puschlaver Bergpredigt:* «Aus Solidarität mit Jesus hat der Hilfsarbeiter, Hirt und Anarchist Camenisch just an Weihnachten 1979 die Kraftwerke Sarelli gesprengt; zehn Jahre später, um 10 Uhr desselben Tages, sitzen 51 Gläubige der evangelischen Kirchgemeinde Brusio beisammen, um über ihren Pfarrer zu reden. Protokollführer Roberto Nussio will, dass im Gedenken an den Ermordeten eine Minute lang geschwiegen wird. Dann nennt er das Verhalten von Scopacasa einen Skandal, und er liest laut aus einem Wörterbuch, was wissenschaftlich als Skandal zu begreifen sei. Grenzwachtgefreiter Flurin Pünchera sagt, seit jenem schwarzen Sonntag fühle sich seine Seele zertreten;

in einen Pfarrer, der zu solchem fähig sei, fehle ihm jedes Vertrauen. Alfredo Tognina antwortet, wahres Christentum sei immer ein Skandal, Israel habe nicht dank seiner Könige überlebt, sondern wegen seiner unbequemen Propheten, und die Lage, in der sich die Gemeinde befinde, sei eine Herausforderung. Nussio erklärt, seine Kinder werde er nicht mehr zu Scopacasas in den Unterricht schicken, und so geht die Erregung während zweieinhalb Stunden.»

In der BÜNDNER ZEITUNG gibt Pfarrer Pietro Leutenegger, Präsident des Vorstandes des evangelischen Colloquiums Engiadin'Ota-Bregaglia-Poschiavo-Sursès kurz vor Weihnachten Folgendes zu bedenken: «Herr und Frau Pfarrer Scopacasa sind mit ihrer Handlungsweise den schwierigen Weg gegangen, nämlich den der Treue zum Berufsgeheimnis und der Barmherzigkeit gegenüber dem Sünder. Sie haben damit ihr Verständnis des Evangeliums konsequent durchgehalten und eine letzte Türe auch gegenüber jenem Mitmenschen offengehalten, der in der irrigen Meinung lebt, er könne die Welt mit Gewalt verändern.»

Ende Februar 1990 spricht die evangelische Kirchgemeinde Brusio ihrem Pfarrer mit 23 zu 22 Stimmen das Vertrauen aus. Ein halbes Jahr danach verurteilt das Kreisgericht Brusio das Ehepaar Francesco und Anita Scopacasa wegen Begünstigung zu drei Monaten Gefängnis, bedingt erlassen auf zwei Jahre. Ihr Anwalt legt Berufung beim Kantonsgericht ein. Dieses lehnt die Berufung ab. Der Anwalt gelangt ans Bundesgericht. Ein Jahr nach der Bluttat und der Beherbergung von Marco Camenisch zieht das Ehepaar ins Tessin. Im Val di Poschiavo haben sie sich nicht mehr zu Hause gefühlt. Ein weiteres Jahr später, am 13. März 1992, hebt das Bundesgericht das Urteil auf. Zwei Monate nach dem Freispruch stirbt die Pfarrersfrau 54-jährig an Krebs.

Infolge der ausgesetzten Belohnung von 20 000 Franken gehen in den Tagen nach der Tötung des Grenzwächters Kurt Moser unzählige Hinweise bei der Polizei ein. Aber gefunden wird der Gesuchte nicht. Nach einer Woche werden die Grenadiere aus dem Tal abgezogen. Die Bündner Staatsanwaltschaft verschickt zuhanden der Polizei- und Grenzposten eine Ergänzung zum Signalement des Flüchtigen: «Camenisch trägt keinen Bart mehr, jedoch eventuell einen Kunstbart.»

Lena erzählt: «In den Jahren, als mein Vater auf der Flucht und ich in der Primarschule und später am Gymnasium in Chur war, habe ich Marco nicht vermisst. Dazu hat meine emotionale Bindung zu ihm ganz einfach gefehlt. Marco war ja bloss in den ersten Monaten meines Lebens anwesend. Die Frage nach seinem Verbleib war natürlich trotzdem ein Thema, das mich latent beschäftigt hat. Ich erinnere mich, dass die Polizei mal bei meiner Mutter vorbeikam und nach Röntgenaufnahmen seiner Zähne fragte. Da wurde mir plötzlich bewusst, dass Marco auch tot sein könnte.

Ja, und dann kam der 3. Dezember 1989. Es war ein Sonntag und meine Mutter und ich hörten an den Mittagsnachrichten von der Tötung eines Grenzwächters in Brusio. Am Nachmittag riefen Bekannte an und sagten, die Polizei vermute, dass Marco der Mörder sei. Am Montag in der Schule haben mich Mitschüler mit Fragen bombardiert. Am Mittwoch wurde bekannt, dass sich Marco am Ort aufgehalten und beim Dorfpfarrer versteckt hat. Ich war geschockt, hatte Angst, fühlte mich bedroht. Absurde Vorstellungen stiegen in mir auf, die Vorstellung, dass er nun zu uns flüchten und bei uns Schutz vor der Polizei suchen würde.

Hat Marco den Grenzwächter erschossen? Ist Marco ein Mörder? Kann die letzte Konsequenz seines Kampfes ihn zu einer solchen Tat führen? Ich wusste es nicht. Meine Mutter wusste es nicht. Wir haben darüber gesprochen. Marco hat ja bereits viele Jahre zuvor, in seinem Manifest vor dem Kantonsgericht Graubünden in Chur, Gewalt als Mittel zum Umsturz befürwortet. Aber einen Menschen töten? Marco? Ist er fähig zu solch einer Tat? Drei tödliche Schüsse aus nächster Nähe? Ich weiss es nicht. Bis heute weiss ich es nicht. Er wurde verurteilt. Es war ein Indizienprozess und die Ermittlungen wiesen Lücken auf. Vieles hat gegen ihn gesprochen, aber nicht alles. Ich weiss es wirklich nicht. Diese Ungewissheit, ob mein Vater ein Menschenleben auf dem Gewissen hat oder nicht, beschäftigt mich bis heute.

Beim Besuch bei Grossmutter Annaberta im Puschlav haben wir gesehen, wie sich auf der andern Talseite Ferngläser spiegelten. Und ich nehme an, dass auch wir zu Hause in Chur polizeilich überwacht worden sind. Ja, und dann waren da die Fragen von Freunden und Bekannten: Warum? Was weisst du, was weiss deine Mutter? Ist dein Vater wirklich ein Mörder? Wohin ist er geflüchtet? Was denkst du, wo lebt Marco? Kämpft er immer noch für die Natur? Oder ist er ein ganz gewöhnlicher Terrorist geworden, der Menschen tötet, wenn es seinen Zielen dient? Was hältst du von seiner Einstellung und seinen Taten? Es waren schwierige, belastende Fragen für einen Teenager.»

Nachdem Marco Camenisch in Le Prese, am Ende des Lago di Poschiavo, beim Wanderwegweiser aus dem Wagen von Pfarrer Scopacasa gestiegen ist, verliert sich seine Spur. Gemäss der lokalen Polizei hat er die Nacht in einer Jagdhütte im Maiensäss Sassegl verbracht, wo er eingebrochen ist. Am andern Morgen, es ist ein milder, klarer Wintertag, setzt er die Flucht in südwestlicher Richtung fort, über die verschneite

Bocchetta di Vartegna, wo frische Fussspuren gefunden und kleine Löcher von einem Stock sichtbar werden. Stundenlang ist er dann durch den knietiefen Schnee bergauf gestapft, entweder hinauf zum 2504 Meter hohen Passo Saline und hinunter ins italienische Val Fontana, ein Seitental des Veltlin. Oder er ist über die Alp Mürasc ins Val dal Saent ausgewichen und hat den 2235 Meter hohen Col da Salarsin gewählt, um von dort über einen der vielen Schmuggelpfade auf die Alp Bratta und hinunter ins Veltlin zu kommen. Marco Camenisch verrät bis heute nicht, wohin ihn seine Wege nach dem schicksalshaften Tag in Brusio im Dezember 1989 geführt haben.

## Browning Parabellum 9 mm

Am Dienstag, 5. November 1991, kurz nach 15 Uhr, sind die Carabinieri Antonio Pazzola und Massimo Trovo mit ihrem Polizeifahrzeug, einem blau-weissen FIAT UNO, auf Patrouille. Die beiden sind Mitglieder der Arma, der bewaffneten Polizei. Sie fahren durch Cinquale di Montignoso bei Massa Carrara. Das Viertel besteht fast ausschliesslich aus Zweitwohnungen und ist deshalb zu dieser Jahreszeit verlassen. Mit 30 km/h fahren sie durch die von Zypressen und Pinien gesäumten Zufahrtswege, als ihnen in Via Grillotti zwei Männer zu Fuss entgegenkommen. Polizist Pazzola kennt den einen, es ist der in Montignoso wohnhafte, wegen Drogendelikten vorbestrafte Giancarlo Sergiampietri. Sein Begleiter ist ein Unbekannter.

Die Carabinieri wenden den Wagen, fahren im Schritttempo zu den beiden Fussgängern und halten an. Pazzola steigt aus, stellt sich den Männern in den Weg und verlangt die Personalausweise. Sergiampietri kommt der Aufforderung nach. Auch der zweite, unbekannte Mann, scheint sich ausweisen zu wollen, greift aber nicht in die Gesässtasche, sondern zückt aus dem Gurt eine halbautomatische Pistole, Marke BROWNING PARABELLUM Kaliber 9 mm, und schiesst aus einer Distanz von ca. 1,5 Metern auf Pazzola.

Mit zwei Schüssen wird der Polizist in den Arm getroffen. Der Unbekannte feuert auch auf den zweiten Carabiniere. Der Schuss zertrümmert die Autoscheibe, trifft Trovo aber nicht. Beim nächsten Schussversuch bleibt die Kugel im Magazin stecken und verklemmt die Waffe, was Trovo nutzt, um das Feuer zu erwidern und dem Unbekannten in die Beine zu schiessen. Kampf- und fluchtunfähig wirft der Getroffene den Revolver weg und ergibt sich.

Auf dem Weg ins Spital versucht die Polizei vergeblich, die Identität des Verletzten in Erfahrung zu bringen. Während der Unbekannte auf dem Operationstisch liegt, wird sein Begleiter Giancarlo Sergiampietri kreuzverhört. Aufgrund von Hausdurchsuchungen und Zeugenaussagen wissen die Untersuchungsbehörden 36 Stunden nach der Schiesserei, dass es sich beim Angeschossenen um Marco Camenisch handelt, der zwei Jahre zuvor aus dem Puschlav geflohen ist.

Im Buch *Achtung Banditen! – Marco Camenisch,* einer in italienischer Sprache von seinem Genossen und *Baffardello* Piero Tognoni herausgegebenen Sammlung von Briefen, Beschreibungen und Erklärungen aus dem Gefängnis, schildert Camenisch seine Verhaftung. Auszüge: «*Manchmal ein Fehler, manchmal das Schicksal – das unterscheiden zu wollen, ist eine unzulässige Anmassung. Wir sind häufig auf Wegen, die in die entgegengesetzte Richtung unserer Wünsche und Absichten führen. An diesem milden Novembernachmittag war ich auf einem solchen Weg. Erfüllt von echtem Leben und authentischer Freiheit, will ein zufälliger Augenblick, dass meine lange, viele Jahre dauernde Flucht vorüber ist und dass ich, lebendig oder tot, an der Wegscheide stehe zu einem neuen Leben.*

*Nach dem Mittagessen sind Giancarlo und ich unterwegs zu einem Café am Meer in Cinquale. Das Quartier mit den Villen und Luxusappartements ist ruhig. Eine leichte Brise weht und vermischt sich mit den Gerüchen der Pflanzen und Bäume. Noch sind die Abgase der Autos fern. Ein kleiner Hund trottet neben mir her. Giancarlo und ich sind in ein Gespräch vertieft, als uns ein blau-weisses Auto entgegenkommt. Mein Adrenalin steigt auf Tausend. Einer steigt aus. ‹Trottel!› denke ich und greife hinter meinen Rücken, wo meine* BROWNING PARABELLUM *9 mm steckt, ein ballistisches Andenken an die Massaker des Zweiten Weltkrieges. Alles oder nichts! Ich richte die Waffe auf den Gegner, um ihn kampfunfähig zu machen und um zu flüchten. (...) Mitten im Kampf versagt die Automatik meiner Waffe – Scheisstechnik (...).*

*Im Knie und im Oberschenkel getroffen, sinke ich zu Boden, hebe die Arme und schreie ‹Ich gebe auf!›. Ich stehe unter Schock. Schmerz verspüre ich nicht. Mutter Natur ist gnädig. (...) Als sie meine Umhängetasche öffnen, die auf dem Asphalt liegt, und sehen, was darin ist, rennen sie wie eine Schar aufgeschreckter Spatzen auseinander. Das belustigt mich. Einer drückt mir die Pistole an den Kopf. Als ich ‹Schiess doch!› sage, springt er auf und ruft den andern zu: ‹Der hat gesagt, ich soll doch schiessen!›» (...)*

In der Tasche, die Camenisch mitträgt, finden die Carabinieri einen Revolver Marke RENATO GAMBA TRIDENT VIGILENTES, Kaliber 38 mm special, geladen mit sechs Geschossen. Diese Waffe wird Jahre später für den Lebensweg von Camenisch eine entscheidende Rolle spielen.

Weiter finden die Carabinieri in der Tasche zwei Kilogramm Sprengstoff, Handgranaten und gefälschte Personalausweise, darunter eine Identitätskarte, lautend auf den Namen W. N., Hausen am Albis. Wie die Ermittler später herausfinden, gehörte der mit Camenisch gleichaltrige W. N. in den 70er-Jahren zur Anarchistengruppe Bändlistrasse in Zürich. Als gelernter Feinmechaniker galt er als Spezialist für die Herstellung von Zündverzögerungseinrichtungen, die an die RAF geliefert worden sein sollen.

Lena erzählt: «Als sie Marco nach einer Schiesserei in Italien verhaftet haben, war die Ungewissheit über das Schicksal meines Vaters zu Ende. Meine Mutter und ich haben alle die Jahre nicht gewusst, wo er war. Anders als die Nonna. Aber wir wussten damals noch nicht, dass die Grossmutter stets informiert war und Marco mehrmals im Untergrund besucht hat. Sicher hat Marco ihr verboten, uns davon zu erzählen.

Ich weiss nicht genau, was ich gefühlt habe, aber ich glaube, die Verhaftung Marcos nach zehn Jahren auf der Flucht war eine Art Erleichterung; auch zu wissen, dass er früher oder später an die Schweiz ausgeliefert würde. Möglich, dass da auch immer mal wieder der Gedanke war, vielleicht war es Hoffnung, dass Marco zum Beispiel irgendwo in Südamerika ein neues Leben führt. Dass sie ihn nicht fassen. Ich weiss, dass ich mit meiner Mutter mal über diese Möglichkeit gesprochen habe.»

Wohin war «Martino» unterwegs, mit zwei Revolvern, Sprengstoff, Handgranaten und einer Anzahl gefälschter Identitätskarten im Gepäck? Camenisch sagt: *«Ich war im Begriff, von einem Ort in einen andern umzuziehen, wie so oft in den Jahren im Untergrund.»*

Zwei Tage nach der Verhaftung von Marco Camenisch wird in Montignoso ein Sprengstoffanschlag auf ein Hotel und auf einen Strommast der nationalen Elektrizitätsgesellschaft ENEL verübt. Am Tatort findet die Polizei eine Solidaritätserklärung für «Martino», der inzwischen nach Pisa in die Spitalabteilung der Strafanstalt Don Bosco verlegt worden ist.

Nach einer Knieoperation wird Camenisch nach Mailand ins überfüllte Gefängnis «San Vittore» gebracht und in Zweier- und Viererzellen eingesperrt, mit ständig wechselnden Zellengenossen, wo *«als Zusatzstrafe»,* wie Camenisch sagt, *«von frühmorgens bis spätnachts mit dem Schwachsinnfernsehen Berlusconis gefoltert wurde»*. Er reagiert auf die Haftbedingungen in Mailand mit einem Hungerstreik.

Im Frühjahr 1992 sind die Ermittlungen abgeschlossen. Die Staatsanwaltschaft am Gericht von Massa-Carrara unter dem Vorsitz von Dottore Augusto Lama beantragt neun Jahre Zuchthaus wegen Tötungsversuch an Carabiniere Pazzola plus sechs Jahre für Sprengstoffanschläge, illegalen Waffenbesitz, Fälschung und Hehlerei. Zusätzlich sei der Angeklagte zu 500 Millionen Lire Busse (ca. 500 000 Schweizer Franken) zu verurteilen.

Der Prozess beginnt am 12. Juni 1992 und wird sich über zehn Monate hinziehen. Zum Auftakt der Verhandlung äussert sich Marco Camenisch mit einer Erklärung. Auszüge (übersetzt aus dem Italienischen): «*Ich weise grundsätzlich jegliche Anschuldigungen zurück, die hier gegen mich vorgebracht werden. Ich stehe hier als Anarchist und als politischer Gefangener eines Herrschaftssystems, das ich ablehne und bekämpfe, weshalb ich diesem Gericht auch jede Legitimität abspreche (...).*

*Ich wurde vom Feind gefangen genommen, habe mich befreit, wurde aus meinem Land verjagt. Ich wurde zum Jäger und zum Gejagten, zum Gast vieler Länder und Leute. (...) Schon vor Jahren sagte ich, dass es nicht mehr um einen begrenzten Kampf um individuelle Freiheit und Würde, um die Freiheit von Klassen und Gruppen geht, sondern schlicht ums Überleben des ganzen Planeten.(...) Angesichts dieser Sachlage stimmt es nicht, dass ich kriminell bin, dass ich sozial hochgefährlich bin, dass ich ein Ökoterrorist bin, dies trifft vielmehr in dramatischer Art und Weise für den Staat, seine Diener und Apparate zu. (...)*

*Durch globales und solidarisches Denken, durch lokales, direktes und unmittelbares Handeln müssen wir unsere Selbstbestimmung wiederherstellen, selbstbestimmte Macht über unsere Arbeit, unseren Konsum, unseren Körper, über Gesundheit, Geist und soziale Beziehungen zurückerobern, auch über unsere Beziehungen zum Territorium, das uns beherbergt und ernährt und welches nicht uns, sondern unsern Kindern und Kindeskindern gehört. Was mir hier vorgeworfen wird, ehrt mich. Ich habe weder aufs Rote Kreuz geschossen noch Schmiergelder eingesteckt, weder jemanden ausgenützt noch wehrlose Menschen massakriert, habe auch niemanden gefoltert, Frauen oder Kinder vergewaltigt. (...)*»

«Im Namen des italienischen Volkes» wird Camenisch am 2. April 1993 wegen vorsätzlicher Körperverletzung, Sprengstoffanschlägen, illegalem Waffenbesitz, Fälschung und Hehlerei zu zwölf Jahren Zuchthaus und einer Busse von vier Millionen Lire verurteilt. Das Gericht verneint die Tötungsabsicht bei den Schüssen auf die Carabinieri, bejaht jedoch Camenischs Beteiligung an mehreren Sprengstoffanschlägen in Italien. Entschieden wird auch, dass eine Auslieferung in die Schweiz erst nach Verbüssung der Strafe in Italien erfolgt.

Unter den Prozessbeobachtern in Massa-Carrara weilten nicht nur italienische Freunde, *Baffardelli,* Genossen und Sympathisanten aus der Schweiz. Auch Marcos betagte Mutter Annaberta hatte die lange Reise auf sich genommen, um in der Nähe ihres Sohnes zu sein. Und zugegen war der Zürcher Anwalt Bernard Rambert, den Camenisch mit der Verteidigung seiner Interessen in der Schweiz betraut hatte. Camenisch wusste, dass er – einmal zurück in der Heimat – erneut vor den Schranken des Gerichts stehen würde, angeklagt des Mordes an Grenzwächter Kurt Moser in Brusio.

Marcos Mutter schreibt Rambert wenige Tage nach der Urteilsverkündung einen Brief. (Auszüge): «Ich hoffe, Sie hatten eine gute Heimreise. Es hat mich sehr gefreut, Sie kennenzulernen. Alle zusammen, die ihr dort wart, haben mir Kraft und Mut gegeben in dieser hoffnungslosen Situation. Ich bin froh, dass Sie das ganze Umfeld Marcos, seine Freunde, so hautnah erleben konnten. Für mich war die grosse Solidarität überwältigend. Es war rührend, wie Sie sich meiner angenommen haben. Sie haben mich bei Ihnen aufgenommen, nach Pisa begleitet und später auch nach Mailand. Hoffentlich bringen sie ihn nicht woandershin, weiter weg. Von hier aus kann ich ihn aus dem Puschlav in einem Tag besuchen. Marco liegt uns sehr am Herzen und ich bin Ihnen sehr dankbar, dass Sie sich seiner Sache angenommen haben. Ich bin mir voll bewusst, was auf uns zukommt, und versuche, so gut es geht damit zu leben. In Dankbarkeit grüsst Sie herzlich, Annaberta Camenisch»

Bald wird der Weg der Mutter zu ihrem Sohn länger. Marco Camenisch muss seine Strafe im Hochsicherheitstrakt des Gefängnisses in Novara, im Piemont, absitzen. Camenisch beschreibt seine ersten Eindrücke bei der Ankunft in Novara: *«Hier bin ich nun unter vielen ‹Politischen›, glaub alles Brigate Rosse. Bin natürlich ganz konfus, so viele Leute zu treffen, mit denen ich endlich reden kann und mich in vielen Hinsichten beziehen kann, wie es kollektive Identität ermöglicht.»*

In Novara sind Häftlinge und Vollzugsverantwortliche im Zustand des permanenten Kleinkriegs. Arbeitsverweigerung, Besuchsverweigerung, Briefzensur. Willkürliche Isolation gehören zum Alltag in diesem Gefängnis. Das Haftregime wird noch härter, als nach zahlreichen Anschlägen der Nuove Brigate Rosse in Genua, Mailand und Turin der Terror eskaliert. Mehr als ihre «Väter» mischt sich die neue Generation von Brigadisten in die Tagespolitik ein. Sie reagiert auf «volksschädigende» Entscheide der Machthaber unmittelbar mit direkten Aktionen. So haben die Nuove den Wirtschaftswissenschaftler und Regierungsberater Professor Massimo d'Antona kurzerhand umgebracht, als dieser ein Gesetz erarbeitete, das den Kündigungsschutz einschränkt.

Kurz nach seiner Verhaftung nimmt Marco Camenisch erstmals seit fünfzehn Jahren Kontakt auf zu seiner Tochter.

Lena erzählt: «Er hat geschrieben, er würde sich freuen, wenn ich ihn besuchen käme. Auch Grossmutter Annaberta hat mich gefragt, ob ich sie begleiten wolle zu Marco. Zuerst habe ich zugesagt, aber als die Besuchsbewilligung vorlag und der Termin vereinbart war, habe ich einen Rückzieher gemacht. Es war mir emotional einfach zu viel. Nicht, dass ich ihn als schlechten Menschen sah oder dass er mich nicht interessiert hätte. Aber ich habe gespürt, dass ich noch nicht so weit war. Geschrieben haben wir uns aber weiterhin regelmässig. Marco hatte Verständnis, dass ich nicht auf Besuch kommen wollte.»

Camenisch bleibt hinter Gittern aktiv, organisiert den Widerstand, verfasst Protestnoten zu den *«lebensverachtenden Haftbedingungen im Hochsicherheitstrakt»* und beteiligt sich an Hungerstreiks. Über deren Folgen schreibt er einen seiner gut 30 Aufsätze, die er in der Haft in Italien verfasst hat. Er nennt sie *Unendliche Geschichten* und veröffentlicht sie im Verlag L'AFFRANCHI unter dem Titel *Rassegnazione è complicità* und unter *Résignation est complicité* (Resignation ist Komplizenschaft) bei EDITIONS DU DÉSÉQUILIBRÉ. Die Geschichten handeln vom Gefängnisalltag, von Gesprächen mit Genossen, von Cannabiskonsum, von Wut, Träumen – und von der Ehe mit der Italienerin Manuela Centi.

Die 30-jährige Ökoaktivistin besucht Camenisch regelmässig und schreibt ihm fast täglich einen Brief. Aus der Freundschaft wird Liebe. Camenisch: *«Staatsanwalt Marini, zuständig für meine Besuchs- und Telefonerlaubnis, entzieht mir ohne weitere Begründung das Besuchsrecht für meine Frau Manuela. Wir sind leider noch nicht verheiratet, weil das erst in zwei, drei oder mehr Jahren wegen der zivilrechtlichen Wartefrist nach ihrer in diesem Jahr stattgefundenen Trennung von ihrem Ehemann möglich sein wird.»* Im Frühjahr 2000, nach neun Jahren intensivem Briefkontakt und gelegentlichem kurzem Zusammensein unter den Augen eines Aufsehers, heiraten die beiden, feiern eine *«Champagner-Hochzeit hinter Gittern»*. Auch nach der Auslieferung an die

Schweiz besucht Centi ihren Ehemann noch regelmässig im Gefängnis. Dann werden die Besuche seltener. «Aus der Liebesbeziehung wurde eine herzliche, solidarische Freundschaft», sagt Camenisch.

*«Ständig wird meine Zelle durchsucht»*, notiert Camenisch in einer «andern unendlichen Geschichte»: *«Sie konfiszieren meine Heilkräuter, meine Bionahrung, meinen Tee. Auch dass ich ein Buch über die Heilwirkung von Pflanzen lese und täglich Yoga praktiziere, bringt mich in den Verdacht, ein Haschisch-Konsument zu sein, obwohl sie noch kein Gramm Gras in meiner Zelle gefunden haben.»*

Ein anderer Aufsatz ist der zehnjährigen Tochter eines befreundeten Paares in Carrara gewidmet: *«Liebe Martina. Es ist lange her, dass ich deinen wunderschönen Brief erhalten habe. Er liess mich träumen, mit dir und deiner Familie gemeinsame Lebensmomente zu verbringen. (...) Es ist seltsam, einerseits lasse ich mich nicht unterkriegen, weil ich die Sanftmut spüre, die ihr mir entgegenbringt und die mir Kraft gibt. Andererseits unterliege ich nicht, weil ich in mir drin immer härter, immer entschlossener werde, nie die Hoffnung und den Willen aufgebe, eine bessere Welt zu schaffen. Manchmal aber muss ich kämpfen, damit die Härte nicht überhand nimmt. Und das ist das Einzige, das mir Angst macht, weil ich weiss, dass mit Härte allein der Kampf nicht zu gewinnen ist (...). Es schmerzt mich, mein Leben nicht geniessen zu können, das ist wahr. Aber dieser Schmerz ist klein, weil ich wunderschöne Zeiten an wunderschönen Orten mit wunderbaren Personen gehabt habe. Auch habe ich gelernt, zu träumen und mir meine Erinnerungen an euch und euer Glück vorzustellen. Dir Martina, Euch allen, eine ganze herzliche Umarmung. Euer Martino»*

## Das Bekenntnis

Gegen Ende seiner Haft in Italien beantragt Camenisch, den Rest der Strafe in der Schweiz zu verbüssen. Das Bündner Justizdepartement lehnt den Antrag ab. Begründung: Camenisch wolle bloss in den Genuss der komfortablen Schweizer Gefängnisse gelangen.

Ende Juni 2000 wird er nach Biella im Piemont verlegt. *«Welche Freude, durchs Zellenfenster wieder Berge zu sehen»*, schreibt er im Tagebuch. *«(...) Andererseits beunruhigt es mich sehr, dass es meiner lieben Mama nicht mehr möglich sein wird, mich zu besuchen und gleichentags wieder nach Hause zurückzukehren. Es macht mich traurig, zu wissen, dass sie – bald 80 Jahre alt – nicht mehr regelmässig auf Besuch kommen kann.»*

Am 27. Februar 2002 verfasst Camenisch im Gefängnis von Biella eine *Erklärung an GenossInnen, an die Öffentlichkeit, an die Repressionsbehörden*. Er teilt mit, dass am 18. April seine Verurteilung in Italien zu zwölf Jahren Gefängnis beendet sein wird und er in die Schweiz ausgeliefert werde, wo man ihm verschiedene Prozesse mache, *«die auch lebenslänglich vorsehende Anklagen beinhalten»*. Dann folgt ein Abschnitt, der die Gerichte, vom Geschworenengericht Zürich bis zum Bundesgericht, sowie mehrere Instanzen der Justiz- und Strafvollzugsbehörden in den nächsten zwanzig Jahren, bis zum heutigen Tag, beschäftigt, ladet doch die Erklärung aus Biella geradezu ein zu Interpretationen über das «Gewaltrisiko», das von Camenisch ausgeht.

*«Aus persönlichen Gründen des fortgeschrittenen Alters, einer geschädigten Gesundheit und von sozialen Verantwortungen und Bedürfnissen ist die Wiederaufnahme klandestiner/bewaffneter Militanz im antiautoritären Kampf schon lange für mich weder verantwortbar noch möglich. Ich bekenne mich aber weiterhin solidarisch zur Notwendigkeit*

*eines radikalen antiautoritären Kampfs gegen die immer aggressivere und zerstörerische Herrschaft und Ausbeutung durch den technologischen Kapitalismus und seinen totalen Krieg gegen die Individuen, Gesellschaften, Kulturen, gegen die Umwelt und die Erde.»*

Heute bezeichnet Camenisch diese Erklärung als «*an der Grenze des Anstandes als revolutionärer politischer Gefangener*». Aber nach so vielen Jahren Knast sei eine gewisse Ebene des Kampfes tatsächlich nicht mehr machbar. «*Nicht so sehr, weil du für den Feind gefährlich bist, sondern weil du es für dich selbst und vor allem für jene bist, die dir nahestehen.*»

Die Schweizerische Bundesanwaltschaft erteilt zwei Monate nach dieser Erklärung den Italienischen Justizbehörden für den 18. April 2002 einen «Transportbefehl für Camenisch Marco. Geboren: 21. Januar 1952 in Schiers/GR. Der Häftling sei ohne Verzug zuzuführen an: *Commando polizia Zurigo, Svizzera*».

Camenisch erzählt: «*Es war kurz nach 9 Uhr, am 13. April, als sie die Zellentür öffneten. Ich freute mich, erwartete ich doch an diesem Morgen den Besuch von Martina, Giuliano und Maria Rita, die wussten, dass ich nicht mehr lange in Biella sein werde. Doch statt Besuch zu empfangen, musste ich die Zelle räumen, meine paar Sachen einpacken und mich für den sofortigen Abtransport bereithalten. Meinen Wunsch, die Freunde, die von weither unterwegs waren, nochmals zu sehen, schlugen sie in den Wind und fuhren mich unverzüglich ins Auslieferungsgefängnis Como. Dort haben sie einen ganzen Trakt frei gemacht, um den ‹Schwerverbrecher Camenisch› ausbruchsicher unterzubringen.*»

Fünf Tage später wird Camenisch von Como nach Chiasso überführt. Wachtmeister Gianpaolo Ferrari nimmt den Ausgewiesenen um 11.20 Uhr in Empfang und liefert ihn seinem Zürcher Kollegen Robert Kreis aus. Der prüft nochmals die Transportfähigkeit des Häftlings und erstellt ein Verzeichnis der Effekten: «Ausweispapiere: keine. Barschaft: Euro 550.–. Wertsachen: keine. Weitere Gegenstände: 1 Armbanduhr SWATCH (schwarz). 1 Lesebrille mit Lederetui (braun). 1 Feuerzeug. 1 Halsumhänger aus Leder mit div. Anhängern aus Ton. 1 Sporttasche blau/gelb. 1 Papiertasche schwarz mit pers. Effekten. 1 Abfallsack grau mit pers. Effekten. 1 Schreibmaschine. 1 Papiersack mit pers. Medis.»

Mit der Auslieferung in die Schweiz übernehmen die Zürcher Justizbehörden die Causa Camenisch. Sie leiten Strafuntersuchungen ein wegen bewaffneter Flucht aus dem Gefängnis Regensdorf, Mittäterschaft bei der Tötung des Aufsehers Jenni und Mord an Grenzwächter Kurt Moser. Die Ermittlungen führt die Bezirksanwaltschaft Zürich, unter Leitung von Claudia Wiederkehr, Tochter des langjährigen Direktionspräsidenten der NOK, Peter Wiederkehr. Die Bezirksanwältin und die Zürcher Justizdirektion sehen in diesem Mandat keine Interessenkollision (Befangenheit).

Nach der Auslieferung und einer Nacht in Zelle 607 A des Polizeigefängnisses Zürich wird Camenisch ins Bezirksgefängnis Pfäffikon (ZH) überführt. Adjutant Peter Ammann von der Abteilung SA-2-Kapitalverbrechen verschickt per Telefax ein «Orientierungsschreiben». Die mit «Dringend!» überschriebene Mitteilung endet mit einer Warnung: «Camenisch ist nach wie vor linksextremen Kreisen zuzuordnen. Nicht auszuschliessen ist, dass Aktionen irgendwelcher Art geplant und durchgeführt werden. Ich bitte dementsprechend um Kenntnisnahme und ggf. um Einleitung geeigneter Massnahmen.»

Die Befürchtungen des KaPo-Adjutanten sind berechtigt: Kaum ist Camenisch in Pfäffikon (ZH) hinter Schloss und Riegel, geht es los mit «Aktionen». Sympathisanten heissen den Rückkehrer Marco mit einem lautstarken Aufmarsch vor dem Gefängnis willkommen. Der «Frühlingsspaziergang», wie es die Demonstranten nennen, wird von einem Grossaufgebot der Polizei begleitet, verläuft aber gewaltlos. «Es war ganz einfach super, bei dir draussen», schreibt anderntags eine Genossin ins Gefängnis: «Die Sonne war auf unserer Seite. Gute Laune, kämpferische Stimmung.»

Marco Camenisch antwortet umgehend: *«Seid herzlich gegrüsst, liebe Freundinnen und Genossinnen. Es ist nicht bloss ein freudiger Gruss aus dem Knast, sondern auch der Gruss meiner Wiederkehr. (...)»*

Bezirksanwältin Claudia Wiederkehr ordnet eine Beschränkung des Briefverkehrs an.

Begründung: «Die Massnahme wurde notwendig, nachdem die Zensur der ausgehenden und eingehenden (teilweise fremdsprachigen) Briefpost nicht mehr mit vernünftigem Aufwand durchgeführt werden konnte. (...) Wir haben zahlreiche Briefsendungen zurückbehalten. Das geschah in der Absicht, sämtliche Post (bis heute eine volle Kartonschachtel) dem Angeschuldigten nach dem Prozess unzensuriert auszuhändigen. (...) Erste Priorität haben bei der Zensur nach wie vor die Briefe seiner Ehefrau und seiner Mutter. Diese Post (täglich mindestens zwei eingehende und ein ausgehender Brief) wird jeweils unverzüglich an Herrn Camenisch weitergeleitet.» Dazu gehören auch Briefe zwischen Vater und Tochter.

Lena erzählt: «In meinen Briefen habe ich Marco Fragen gestellt, wie es für ihn war, damals als junger Vater mit Frau und Kleinkind auf der Alp. Ich bin auch auf Politisches eingegangen, das Marco in seinen Briefen thematisiert hat. Wenn es um Persönliches ging, um seine Gefühle, seine Nöte als Eingesperrter, als Mordverdächtiger, hat er sich knapp gehalten. Umso ausführlicher konnte er sich über Politik auslassen.

Seine Litanei über das Böse in der Welt und wie schlimm alles sei, war manchmal schwer zu ertragen. Andererseits konnte er auch sehr empathisch sein, beispielsweise wenn er von der Armut und dem Elend in der Dritten Welt oder von der Krankheit seiner Mutter oder seines Bruders sprach. Wir haben uns in den Briefen herangetastet an die erste persönliche Begegnung. Beide waren wir uns ja fremd. Ich habe ihn als Kleinkind zum letzten Mal gesehen. Nun war ich Ende 20 und am Studieren.»

Marco Camenisch schreibt in einem Brief an seinen Anwalt Rambert, wie sehr er die Briefe seiner Tochter schätze und dass sie nun hoffe, stark und reif genug zu sein für die persönliche Begegnung. Die Konfrontation werde gewiss anstrengend und schmerzhaft sein. *«Vielleicht würde ein erster Besuch in Deiner Begleitung die ganze Sache erleichtern»*, schreibt Camenisch und fragt seinen Anwalt, ob er die Rolle des *«sozusagen Familienzusammenführungshelfers für Kriegsgeschädigte»* übernehmen könnte.

Noch bevor es dazu kommt, wird Marco Camenisch im Gefängnis Pfäffikon auf Veranlassung von Bezirksanwältin Wiederkehr in Isolationshaft gesetzt: 23 Stunden pro Tag in der Zelle eingeschlossen, keine eigenen Kleider, keinen Computer, keine Schreibmaschine, kein Besteck, keinen Tauchsieder, lediglich ein Buch zur Lektüre. Besucher, inklusive Camenischs Mutter oder seine Ehefrau Manuela Centi, werden nicht zugelassen, mit der Begründung der Kollusionsgefahr. Anwaltsbesuche finden in einem Spezialraum mit Videoüberwachung statt.

Camenischs Anwalt Bernard Rambert wird mit Medienanfragen überhäuft und ruft eine Pressekonferenz ein, «um ein paar Eckdaten meines Mandanten in Erinnerung zu rufen». Auszüge seiner Ausführungen: «Marco Camenisch ist ein politischer Gefangener, das heisst ein Gefangener, dessen Inhaftierung in einem Zusammenhang mit seiner politischen Überzeugung und Identität steht. Der Anschlag auf einen Strommast der NOK im Jahre 1979 war politisch motiviert und stand im Zeichen mit dem europaweiten Widerstand gegen die Atomlobby. Die Anschläge in Italien standen im gleichen Zusammenhang. Das Kantonsgericht Chur benutzte Camenisch damals als politische Plattform gegen die Atomkraft und gegen die kapitalistische Gesellschaftsordnung. Die Quittung für dieses politische Engagement erhielt er in Form der zehn Jahre Zuchthaus, er war damals noch keine 30 Jahre alt. Es war eine Strafe, die nicht nur als drakonisch, sondern von durchaus moderaten Zeitgenossen als jenseits von allen Massstäben bezeichnet wurde. (...) Die Flucht aus Regensdorf war für viele Gefangene die logische Folge/Fortsetzung ihrer desolaten Situation. (...) Der im Zusammenhang mit der Flucht erhobene Mordvorwurf an einem Aufseher der Korberei wird zurückgewiesen. Er ist haltlos. Ich sage das nicht ohne Aktenkenntnisse, habe ich doch den ebenfalls aus Regensdorf geflüchteten Pierluigi Facchinetti verteidigt. Camenisch befand sich nicht in der Gruppe, aus welcher geschossen wurde. Was den Todesfall in Brusio betrifft: Camenisch bestreitet, mit diesem etwas zu tun zu haben. Bis dato habe ich keine Akten gesehen. Ich kann mich diesbezüglich also nicht äussern. (...) Camenisch ist in seiner politischen Identität und Überzeugung ungebrochen und macht daraus keinen Hehl. Er gilt demzufolge als besonders gefährlich, was ihm einen Aufenthalt in der Sicherheitsabteilung des Hochsicherheitsgefängnisses Pfäffikon (ZH) eingebracht hat. (...) Bis zum heutigen Tag hat die mit der Strafuntersuchung betraute Bezirksanwaltschaft Zürich keine Einvernahmen durchgeführt – vor wenigen Tagen hat Frau Wiederkehr aber versucht, mittels

Videokonferenzschaltung mit Camenisch ins Gespräch zu kommen. (...) Der Gefangene sitzt also allein auf einem poppig angemalten Plastikstuhl vor einem ebenso poppigen Tischlein, guckt in die Kamera, vor sich ein Mikrofon (und vermutlich Monitor) aufgestellt, derweilen das Visavis in der Amtsstube der Zürcher Bezirksanwaltschaft an der Molkenstrasse sitzt und Fragen stellt. Die Rechnung ging nicht auf, weil Camenisch sich kategorisch weigerte, an diesem geschmacklosen Kasperli-Theater mitzuspielen. (...) Man kann sich des Verdachts nicht erwehren, dass die Verweigerung des Besuchsrechts, einem elementaren Grundrecht, offensichtlich einen andern Zweck verfolgt, nämlich den völlig isolierten Camenisch zu zermürben. (...) Dasselbe gilt für die Verfügung, die Postsendungen auf täglich je zwei Briefe zu maximal drei A4-Seiten zu beschränken. Täuschen Sie sich nicht! Das ist für einen politischen Menschen, der 23 Stunden pro Tag isoliert ist und keine andere Möglichkeit als eben den Briefweg hat, um mit anderen Menschen zu kommunizieren, das heisst, Gedanken auszutauschen, zu debattieren etc., nicht nichts. Eine solche Briefzensur haben nicht einmal Mussolinis Anhänger gegenüber Antonio Gramsci angewendet.»

Während der Haft in Italien ist bei Camenisch eine *subrenale neoplasie,* ein Nebennierenkrebs, festgestellt worden. Durch regelmässige Kontrollen (CT und Magnetresonanz) hat man das Wachstum des Geschwürs überwacht. Anders im Gefängnis Pfäffikon (ZH). Die Krankenakte aus Italien ist verloren gegangen. Der Gefängnisarzt vergisst nach der Visite, den Patienten wie versprochen für eine Magnetresonanz-Untersuchung ans Spital zu überweisen. Und wie die Besuche des Anwalts, findet im Hochsicherheitstrakt Pfäffikon (ZH) auch der Besuch des Arztes in einem videoüberwachten Raum statt. Rechtsanwalt Ramberts Kommentar: «Ein Arzt, der sich so verhält und darüber hinaus Visiten in einem videoüberwachten Raum macht, hat die Essenz von Hippokrates' Eid wohl schon längst vergessen.»

Nach ein paar Wochen wird Camenischs Wunsch nach einer spitalärztlichen Kontrolle seiner Niere doch entsprochen. Unter grossen Sicherheitsvorkehrungen wird er ins «Institut für Diagnostische Radiologie» des Universitätsspitals Zürich gefahren. In einer mehrseitigen Presseerklärung schildert er den Ablauf der Überführung und die Untersuchung.

Auszüge: «*Um 14.30 Uhr werde ich aus der Zelle geholt. Im Erdgeschoss erwarten mich zwei Zivilpolizisten und drei uniformierte Kantonspolizisten. Mir werden Handschellen hinter dem Rücken angelegt, auch die Füsse werden zusammengekettet. Also bin ich gezwungen, mich auf den Wagenboden zu knien und mich irgendwie mit den Händen hinter dem Rücken hochzuziehen, um auf die Sitzbank zu gelangen. (...)*

*Bei der Polizeikaserne gibt es einen längeren Zwischenhalt. Ich frage, ob sie mir die Handschellen nicht vorne anlegen könnten. ‹Nein, Sie kennen Ihren Ruf› lautet die Antwort. (...) Im Spital angekommen, staune ich über das Aufgebot an Sicherheitsleuten in Uniform und Zivil – mindestens acht Polizisten, darunter eine Frau. Im Trakt der Radiologie angekommen, zwingen mich die Fussketten zu einer lächerlichen, langsamen und beschwerlichen Gangart. An Händen und Beinen gefesselt, in Begleitung einer auffälligen Bewachungstruppe, bin ich gezwungen, durch einen öffentlichen Raum zu trippeln – eine erniedrigende Zurschaustellung eines Gefangenen, gleichzusetzen mit dem mittelalterlichen Pranger. (...)*»

Im Bezirksgefängnis Pfäffikon (ZH) sitzt Lena Camenisch im Sommer 2002 erstmals ihrem Vater gegenüber, unter Aufsicht eines Aufsehers. Marco schreibt in einem Brief an eine vertraute Genossin: «*Mit Lena hatte ich einen sehr schönen Besuch.*

*Erstens ist sie eine starke Frau und zweitens habe ich das Gefühl, ihr Vertrauen, oder besser: Misstrauen, etwas aufgebrochen zu haben. Davon, dass wir einen Erfolg verbuchen können, zeugen Momente herzlichen Lachens und am Schluss ihre eindeutigen Zeichen, dass wir uns bald wiedersehen sollten. Dieser klare Eindruck ist mir tief ins Gemüt und unter die Haut gefahren.»*

Lena erzählt: «Das erste Treffen mit Marco hat mich arg mitgenommen, aber es ist mir in angenehmer Erinnerung. Marco hat ja eine charmante, einnehmende Seite. Es war auch aufregend, war der Mann und dessen Taten, über die Medien, Freunde und Bekannte heftig diskutierten, plötzlich hautnah präsent in meinem Leben. Das hat mich bewegt. Ja, vielleicht gibt es ja doch so etwas wie eine minimale Vertrautheit zum leiblichen Vater, auch wenn man ihn ein Leben lang nie als Vater, sondern als Abwesenden empfunden hat. Ich weiss noch, dass ich mich nach dem Verlassen des Gefängnisses besser gefühlt habe als vor dem Besuch. Ich erinnere mich, dass wir viel gelacht haben und uns am Ende sehr entspannt ‹Auf Wiedersehen› gesagt haben.»

Seit seiner Auslieferung von Italien kommt es zu Solidaritätskundgebungen und Anschlägen im Namen Camenischs: Eine Mehrzweckhalle der SWISSCOM in Altstetten wird angezündet, das Eingangstor zum Kantonsgerichtsgebäude in Chur demoliert, an den Übertragungsmast des Schweizer Fernsehens auf dem Üetliberg Feuer gelegt, eine Zugskomposition der RHÄTISCHEN BAHN während des WEF mit Graffiti und Parolen zu Camenisch, zu Klassenkampf und Anarchie besprayt. In Italien werden Brandanschläge gegen Telekommunikations- und Energiefirmen, gegen Fernsehstationen, Banken und Behörden verübt. In den Appeninen wird die Talstation einer Gondelbahn abgefackelt. Stets bekennen sich die Täter zu Camenisch. Was wo läuft und wie es dem Genossen

Anarchisten im Gefängnis ergeht, können Interessierte mitverfolgen – auf www.freecamenisch.net, anfänglich viersprachig, inzwischen polizeilich verschlüsselt.

Eine wichtige Rolle für die Solidarität mit Camenisch spielt der Revolutionäre Aufbau. Die 1992 gegründete Organisation mit Sektionen in Zürich, Winterthur und Basel sieht «im Kommunismus den Ausweg aus der kapitalistischen Krise», wie Andrea Stauffacher, Lenkerin und Denkerin des Revolutionären Aufbau Zürich, RAZ, sagt. Und: «Für unsere Organisation spielte der Kampf mit den politischen Gefangenen von Beginn weg eine zentrale Rolle. So ist es selbstredend, dass Marco seit seiner Ankunft in der Schweiz tatkräftig unterstützt wird. Die Parole ‹Drinnen und Draussen – ein Kampf› wurde mit ihm zusammen in die Praxis umgesetzt.»

Mit Flugblättern und Broschüren, mit Demonstrationen, Podiumsdiskussionen und Workshops haben der Revolutionäre Aufbau und ähnlich gelagerte Gruppen wie die Rote Hilfe, Kasama und Rabia die Rückkehr ihres Kampfgefährten bekannt gemacht und begleitet. Am 28. Juni 2002 versammeln sich die Sympathisanten im Volkshaus Zürich, wo «drei GenossInnen aus der revolutionären baskischen Jugendbewegung, ein ehemaliger politischer Gefangener aus der ‹Bewegung 2. Juni›/RAF zu Knast und Kontinuität und Camenischs Anwalt Bernard Rambert über die menschenrechtsverletzenden Haftbedingungen seines Mandanten berichten», wie es im Aufruf der Roten Hilfe und des Revolutionären Aufbaus heisst.

Dass es zwischen ihm als Anarchisten und dem marxistisch-leninistischen Revolutionären Aufbau und seiner getreuen «Andi» Stauffacher ideologische Widersprüche gibt, ist sich Camenisch bewusst. Er sagt: *«Aber den Kampf gegen die Herrschenden können wir streckenweise gemeinsam führen, auch wir*

*Anarchisten kämpfen für eine Gesellschaft ohne Ausbeutung. Unsere Wege würden sich trennen, wenn es um die Macht des Staates geht. Wir Anarchisten lehnen den Avantgardismus, die Machtübernahme im Staat durch die Partei ab, wie dies in der Lehre des Marxismus-Leninismus vorgesehen ist. Andi und ich sind uns dieser Differenzen sehr wohl bewusst, was unserer tiefen solidarischen Freundschaft keinen Abbruch tut.»*

Nähere Hinweise über das Verhältnis zwischen der Zürcher Kommunistin Andrea Stauffacher und dem Bündner Anarchisten Marco Camenisch vermittelt ein langer Brief, den sie im Frühjahr 2013 aus dem Gefängnis in Winterthur geschrieben hat, wo sie wegen «Sachbeschädigung und mehrfacher Gefährdung durch Sprengstoff in verbrecherischer Absicht» eine 17-monatige Gefängnisstrafe verbüsste. (Anhang 8, Seite 191)

## Bohnenkrauttee und Clausewitz

Am 11. Dezember 2002 wird Camenisch vom Zürcher Pfäffikersee ins Berner Gefängnis Thorberg verlegt. Im Antrag des Gemeinderats von Pfäffikon steht: «Unseren Einwohnern kann die ständige, regelmässig am Wochenende stattfindende Lärm- und Krawallbelastung durch Chaoten aus Zürich nicht länger zugemutet werden.» Die Strafvollzieher in Pfäffikon verlieren mit dem Umzug von Camenisch einen Häftling, «der sich stets umgänglich und freundlich gegenüber dem Personal, zurückhaltend aber hilfsbereit gegenüber den Mitgefangenen verhielt», wie Adrian Senft, stellvertretender Gefängnisleiter, im Führungsbericht festhält: «Da Marco Camenisch sein Leben in Gefangenschaft deutlich strukturierte, Wert auf eine tadellos aufgeräumte Zelle legte und sein Wille zum Arbeiten unübersehbar war, konnte ihm die Stellung eines Kalfaktors übertragen werden. Als solcher war er im Stock C des Gefängnisses zuständig für die Insassenwäsche, sämtliche Reinigungsarbeiten und die Aufbereitung der Mahlzeiten. Marco Camenisch erledigte die Arbeiten prompt, gewissenhaft und selbständig, weshalb er unter Berücksichtigung des angenehmen Benehmens ein sehr gutes Zeugnis verdient.»

In der Strafanstalt Thorberg, einer auf einem Hügel thronenden, von hohen mittelalterlichen Mauern umgebenen Trutzburg im Emmental, wird Marco Camenisch in der Hochsicherheitsabteilung untergebracht. «Mein Mandant ist in einer 3×6 Meter kleinen Zelle eingeschlossen und durch tote Zellen von anderen Insassen völlig isoliert», schreibt Rambert in einer Beschwerde. «Die Verwendung einer Schreibmaschine oder die Benutzung von Bleistift und Radiergummi sind ebenso verboten wie das Lesen von politisch mehrsprachigen Büchern und Zeitschriften.»

Camenisch tritt nach drei Wochen Isolationshaft in einen Hungerstreik, den er nicht nur als Protest gegen die Haftbedingungen verstanden wissen will, sondern auch *«gegen das Treffen der Kriegstreiber und Kriegsgewinnler des WEF in Davos»*.

Zwischen den Justizbehörden und Verteidiger Rambert beginnt ein monatelanger Kleinkrieg um die Haftbedingungen, in dessen Verlauf Camenisch wiederholt von einem Gefängnis ins andere verlegt wird: vom Thorberg in den Churer Sennhof, zurück nach Pfäffikon, weiter in die Pöschwies/Regensdorf und schliesslich ins Flughafengefängnis.

Bezirksanwältin Claudia Wiederkehr hat derweil ihre Ermittlungen im Tötungsdelikt von Brusio abgeschlossen. Camenisch hat, treu seinem Bewusstsein als Anarchist, die Legitimität des Staates abgelehnt und bei allen Einvernahmen mit *no comment* geantwortet, oder ähnlich kurz gehalten. Drei Beispiele:

**Wiederkehr: Was für Wertvorstellungen haben Sie im Leben?**
Camenisch: *Schauen Sie im Internet nach.*
**Wiederkehr: Auf welcher Internetseite?**
Camenisch: *Fragen Sie die Polizei, Ihren Freund und Helfer.*
**Wiederkehr: Haben Sie sich jemals Gedanken über die Witwe des Grenzwächters gemacht, die nach dem Tod ihres Mannes alleine mit ihrem Kind dastand?**
Camenisch: *Ich werde mich dazu in Zukunft äussern über alle Witwen und Kinder.*

Im Oktober 2003 erhebt Staatsanwalt Ulrich Weder Anklage gegen Camenisch wegen Mordes am Grenzwächter Kurt Moser und wegen Mordversuchs an Aufseher Fritz Jenni bei der Flucht aus der Strafanstalt Regensdorf. Da der Beschuldigte nicht geständig ist, wird der Prozess vor dem Geschworenengericht stattfinden. In einem Interview mit der WELTWOCHE nimmt Weder kurz Stellung zum bevorstehenden Prozess: «Die Motivation des Täters spielt natürlich eine Rolle. Eine bessere soziale Ordnung anzustreben, ist selbstverständlich kein skrupelloses Motiv, aber der Weg dahin ist das Problem. (...) Bei Marco Camenisch sehe ich nicht, was seine Taten mit Ökologie zu tun haben.»

Marco Camenisch schreibt in einem mehrseitigen Brief an seine Tochter Lena (Auszüge): *«Gerade als ich sehr intensiv an dich dachte und ein Zeichen von dir ersehnte, ist ein ausgewachsenes Paket angekommen! Herzlichsten Dank! Was mich besonders berührte, als ich das alles auspackte, war der Gedanke, dass alles passt, alles entspricht. Aber wieso wundert mich das eigentlich? Sollte doch klar sein, dass wir tausend Meilen nie voneinander entfernt waren und sind – im Bewusstsein, in den Auffassungen und in der Lebenspraxis. Trotzdem ein Gefühl grosser Freude und mehr. Ins Buch wollte ich eigentlich nur rasch reinschauen, um mich dann auf die Korrespondenz zu stürzen. Nun ist 23.00 Uhr und mit Ach und Krach habe ich mich von Seite 306 gelöst, von den Abtreibungsgeschichten im Brunnen unten. (...) Die Anklageerhebung hat endlich stattgefunden. (...) Also ich hätte versucht, vorsätzlich einen Menschen zu töten, und vorsätzlich einen Menschen getötet, wobei er besonders skrupellos handelte, namentlich sein Beweggrund, der Zweck der Tat(en) und die Art der Ausführung(en) besonders verwerflich waren.»*

Das Obergericht Zürich hat den Prozess gegen Camenisch auf den 10. Mai 2004 angesetzt. Der Revolutionäre Aufbau und andere Sympathisantengruppen stimmen die Anhänger mit Flugschriften, Manifestationen und einem Solidaritätskonzert auf die Gerichtsverhandlung ein. Marco Camenisch tritt Anfang April in einen Hungerstreik, den er 20 Tage durchhalten wird: *«Ich schlürfe Bohnenkrauttee mit Honig und lese Clausewitz, weil ich den Essay ‹Clausewitz und der Volkskrieg› eines Genossen aus Belgien übersetze.»*

Parallel dazu studiert Marco Camenisch die Anklageschrift und die Beweismitteleingabe. Weil Rambert weiss, dass die Tatwaffe und die Projektile ein wichtiges Beweismittel der Anklage sind, hat er ein wissenschaftliches Gutachten am «Institut de Police Scientifique» der Universität Lausanne in Auftrag gegeben. Er hofft, damit die Vorhaltungen der Anklage zu entkräften, die sich auf einen Bericht des Wissenschaftlichen Dienstes der KaPo Zürich stützt.

Im regen Briefverkehr zwischen Rambert und Camenisch ist auch immer wieder Platz für Privates. So bedankt sich Marco in einem Brief an «Beni» für den Blumenstrauss, den dieser beim Besuch in Campocologna-Zalende der betagten Annaberta Camenisch mitgebracht hat: *«Meine Mutter war von den Blaudisteln hell begeistert, die sind ja auch sehr selten, und ich hoffe schwer, dass mein compagno Verteidiger und meine compagna Nathalie sich nicht etwa wegen Pflücken geschützter Alpenpflanzen auf die Blaudisteläste herausgewagt haben. Das wäre eine unheilvolle Interessenkollision in der Verteidigung eines Ökoterroristen.»*

Marco Camenischs Verteidiger Bernard Rambert ist Mitte 50, als er 2004 den Mordfall von Brusio übernimmt. Seit seinem Studium zur Zeit der 68er-Unruhen ist er Marxist. Für die radikale Linke ist «Beni» Rambert eine Art Kronanwalt, der vor den Schranken mit scharfem Verstand, Ruhe und Intuition agiert, wie ihm bürgerliche Berufskollegen attestieren.

Rambert, gross, schlank, halblanges Haar, ist ein Mann der Revolte, die er gewaltlos, mit dialektisch geschultem Klassenbewusstsein führt. Bereits auf dem Weg zum Anwaltspatent rückt der junge Rambert von der klassischen Juristenkarriere ab und gründet mit dem Genossen Edi Schönenberger ein Anwaltskollektiv, wo keiner auf eigene Rechnung arbeitet, der Gewinn verteilt und alle – ob lic. iur. oder

Sekretärin – gleich viel Lohn kriegen. Dem Klassenbewusstsein der jungen Rechtsanwälte entsprechend, rekrutiert sich die Klientel des Kollektivs aus Mietern, Büezern, Kleinkriminellen. «Indem wir den Leuten halfen, zu ihrem Recht zu kommen, wollten wir sie politisieren», sagt Rambert. Die Rechtshilfe, eine Erstauskunft kostete bescheidene 30 Franken.

Bernard Rambert übernimmt 1975, er ist noch keine 30 Jahre alt, die Verteidigung von Petra Krause. Krause, deren Eltern im Konzentrationslager getötet wurden, schliesst sich in den 60er-Jahren der Friedensbewegung und später dem bewaffneten antifaschistischen Kampf an. Mit Schweizer Komplizen raubt «Annabäbi», wie sie in der Szene genannt wird, Waffendepots aus, verübt einen Anschlag auf die Spanische Botschaft in Bern und wird verdächtigt, ein Attentat auf den Schah von Persien geplant zu haben. Nach der Verhaftung wird die zierliche, deutsch-italienische Doppelbürgerin in Zürich in Isolationshaft gesetzt. Der Name Petra Krause wird zur Chiffre für «staatlich verordnete Folter».

Im Rahmen der Verteidigung des Ausbrecherkönigs Walter Stürm hat Rambert eine besondere Erfahrung gemacht. Er weiss seither, was es heisst, verhaftet und in einer Gefängniszelle eingesperrt zu werden und drei Wochen in Untersuchungshaft zu sitzen: Auf dem Anwesen von Ramberts Tante in Nyon hat die Polizei ein Waffen- und Warenlager von Stürm gefunden. Anwalt Rambert wird wegen Begünstigung und anderer strafbaren Handlungen zu Gunsten seines Mandanten angeklagt und vor Gericht gestellt. Einer von Ramberts Verteidigern ist Jacques Vergès (Anhang 9, Seite 194). Dank einer aufsehenerregenden Prozessführung des französischen Staranwalts wird Rambert ein Jahr später von allen Anklagepunkten freigesprochen.

## Reizüberflutung

Zwei Tage vor Prozessbeginn gegen den des Mordes angeklagten Marco Camenisch marschieren rund hundert Sympathisanten durch die Zürcher Altstadt zum Obergericht, wo ein grosses Aufgebot von Polizei die Strasse abriegelt und Wasserwerfer in Stellung bringt.

Der Protestzug schwenkt ab, Richtung Kunsthaus, wo er von der Polizei eingekesselt wird. Einige Demonstranten flüchten ins Kunsthaus, andere ins angrenzende Café, verfolgt von Polizisten in Kampfmontur. Knüppel werden geschwungen, Stühle und gusseiserne Aschenbecher fliegen durch die Scheiben, es wird geschrien, getreten, geheult, geflüchtet und geflucht. 66 Männer und 32 Frauen werden festgenommen, die meisten im Laufe des Abends wieder freigelassen. Vier werden wegen Gewalt, Drohung und Landfriedensbruch der Bezirksanwaltschaft Zürich zugeführt, darunter Andrea Stauffacher, Mitarbeiterin in Ramberts Anwaltskanzlei, treibende Kraft im Revolutionären Aufbau und Vertraute von Marco Camenisch.

Sie protestiert mit einem unbefristeten Hungerstreik gegen ihre Inhaftierung. Camenisch erfährt auf Radio LoRa vom Schicksal seiner Gefährtin und realisiert, dass «Andi», seine treue Genossin, im Gerichtssaal fehlen wird. Er setzt sich noch in derselben Nacht an die Schreibmaschine und lässt sie wissen, dass er es nicht tatenlos hinnehmen werde, *«dass die Bullen weiter an der Eskalationsspirale drehen»*.

Das Zürcher Obergericht gleicht am frühen Montagmorgen 10. Mai 2004 einer Festung. Der zweistöckige, klassizistische Bau am Hirschengraben 13, ein Steinwurf vom Kunst- und vom Schauspielhaus entfernt, ist umgeben von hohen Gitterzäunen in Doppelreihe, abgeschirmt von grüngrauen

Planen und bewacht von einem 50-köpfigen Polizeikommando. Noch bevor *Die grosse Show des Ökoterroristen* beginnt, wie der BLICK den Auftakt des Prozesses betitelt, werden in einem Hinterzimmer des Obergerichts die Geschworenen ausgelost und vereidigt. Eine Betreibungsbeamtin, ein Lehrer, ein pensionierter Treuhänder, eine Hausfrau, ein Betriebswirtschaftler, eine Psychotherapeutin, ein pensionierter Steuersekretär, ein Ingenieur und eine Pharmaassistentin werden nach vierwöchiger Verhandlung über Schuld und Strafe befinden, gemeinsam mit Gerichtspräsident Hans Mathys und zwei weiteren Richtern.

«Es ist der letzte grosse Auftritt seiner Karriere als Anarchist», schreibt die WELTWOCHE in einer Vorschau auf den Prozess: «Mit Camenisch steht ein Angeklagter vor Gericht, der zu einer Identifikationsfigur der Globalisierungsgegner wurde, weil er, eine Kombination aus zähem Bündner Desperado und Kämpfer gegen alle Arten der Ausbeutung, seine politischen Botschaften wie ein Perpetuum mobile seit einem Vierteljahrhundert unverändert wiedergibt.»

Die linke WOZ kommentiert unter dem Titel *Mythos Camenisch:* «Vor 23 Jahren hat eine von Ressentiments getriebene Justiz mit einem drakonischen Urteil den militanten Politaktivisten zu einem Gefangenen mit Star-Status gemacht. Seither pflegen beide Seiten die ideologische Blockade.»

Für den Berner BUND ist das Leben von Marco Camenisch «die Geschichte eines Mannes, der auszog, um gewaltsam die Welt zu verbessern, gänzlich scheiterte und doch zu einer Ikone wurde».

Das Zürcher Alternativradio LoRa macht eine zweistündige Sendung und ruft die Hörer auf, als Zeichen der Solidarität den «politischen Schauprozess» zu besuchen: «Marco ist einer von uns.»

So haben sich bereits kurz nach 8 Uhr morgens über hundert Personen vor den Polizeischranken am Obergericht versammelt. Die Sicherheitsvorkehrungen sind streng. Taschen und Mobilgeräte müssen abgegeben werden, die elektronische Leibesvisitation reicht von der Schuhsohle bis zum Scheitel. Um 9.15 Uhr ist die Tribüne bis auf den letzten der 200 Plätze besetzt. Ein Drittel sind Journalisten, Gerichtszeichner und Jus-Studenten. Zwei Drittel sind Anhänger des Angeklagten: radikale Umweltschützer, Autonome und Anarchisten, viele davon aus Italien. Prominente Abwesende ist Andrea Stauffacher.

Marco Camenisch wird mit Applaus begrüsst. Mit erhobener Faust, von Polizisten eskortiert, schreitet er in den Gerichtssaal. Der Angeklagte setzt sich auf seinen Stuhl, ein Grinsen im Gesicht. Der Attentäter und Anarchist, von dem es seit 13 Jahren kein öffentliches Foto mehr gibt, wirkt hager, das Gesicht ist fahl und eingefallen. Das lange angegraute Haar hat er im Nacken zu einem Rossschwanz gebunden. Er trägt ein weisses, mit Kinderzeichnungen bedrucktes T-Shirt.

Der Gerichtsschreiber verliest die Anklageschrift. Von draussen dringen «*Marco libero!*»-Rufe in den Gerichtssaal. Ein Polizeihund antwortet mit wütendem Gebell. Marco Camenisch greift nach seiner Nickelbrille und liest seine Erklärung vor. (Auszüge): «*Hier ist der freudige Ort der solidarischen Begegnung mit meinen Freunden und Genossen. Im Weiteren verweise ich auf meine Ausführungen im Prozess 1981, ‹Friede den Hütten, Krieg den Palästen und Knästen›. Seit der ersten Erklärung hat sich viel verändert, aber nichts Grundsätzliches. Meine persönliche und politische Identität hat sich klarer verfestigt. Ich bin solidarischer Teil des Anti-AKW-Widerstandes, des revolutionären Befreiungskampfes gegen Klassenherrschaft und gegen die Ausbeutung des Menschen und der Natur.*»

Camenisch sieht sich, wie schon mehrmals in seinem Leben, nicht als Angeklagter, sondern als Kriegsgefangener, deshalb spreche er dem Gericht und den Strafverfolgern, *«diesem politisch-militärischen Repressionsapparat»*, jede Legitimität ab. Am Schluss seines 15-minütigen Referats nimmt Camenisch überraschend doch noch Stellung zum Vorwurf der Staatsanwaltschaft, wonach er am 3. Dezember 1989 in Brusio den Grenzwächter Kurt Moser mit drei Schüssen aus nächster Nähe getötet haben soll. *«Ich möchte hier klar und deutlich erklären, dass ich auch als bewaffnet kämpfender Revolutionär niemals kriegsverbrecherische Tötungen von militärischen Gegnern und schon gar nicht von unbeteiligten Menschen vorgenommen habe, dass ich niemals unbewaffnete, entwaffnete, wehrlose Gegner je getötet habe. Und schon gar nicht habe ich wehrlosen am Boden Liegenden in den Kopf geschossen. Solche Niedertracht ist für mich schlicht nicht denkbar. (...)*

*Es ist gerichtsnotorisch bewiesen, dass ich mich anlässlich der militärischen Auseinandersetzung in Massa, Italien, darauf beschränkt habe, einen auf allen Ebenen überlegenen Gegner punktgenau, absichtlich und aus nächster Nähe bloss mit zwei Schüssen in den Arm zu neutralisieren, mit dem er die eigene Waffe ergreifen wollte. Deswegen wurde ich verletzt, gefangen genommen und stehe nun hier und will klar und deutlich sagen, dass ich für die Tötung in Brusio 1989 des zum Töten wohlausgebildeten und -bewaffneten Soldaten des Staates der bürgerlichen Industrie- und Finanzoligarchie der Schweiz, Herrn Moser, in keiner Art und Weise verantwortlich bin.»*

Staatsanwalt Ulrich Weder dreht mit seinen ersten Fragen den ökopolitischen Spiess um: «Ist es richtig, Herr Camenisch, dass bei Ihrem Anschlag auf die Kraftwerkzentrale Sarelli 7000 Liter Öl in den Rhein flossen?» Oder: «Stimmt es, dass Sie vier Elefantenzähne gestohlen und weiterverkauft haben?»

Camenisch regt sich nicht. Weder grabe in alten Geschichten, die im aktuellen Prozess nicht zur Debatte stünden, wirft Verteidiger Rambert ein. Ulrich Weder, Mitglied der SP, bekannt als eloquenter und scharfer Ankläger, lässt sich nicht beirren: Flucht aus Regensdorf, Tötung eines Aufsehers, Tötungsversuch an italienischen Polizisten, weitere Sprengstoffanschläge. «Ist es richtig, dass Sie sowohl bei Ihrer Verhaftung im Dezember 1979 in St. Gallen wie im November 1991 bei Massa Carrara einen entsicherten Revolver auf sich getragen haben?» Camenisch antwortet nicht, lehnt sich äusserlich entspannt im Stuhl zurück, schaut auf die Zuschauertribüne, winkt einer Genossin, zwinkert einem alten Kämpfer zu, schüttelt manchmal fast unmerklich den Kopf.

Der Prozess wird am nächsten Tag ohne den Angeklagten fortgesetzt. Camenischs Verteidiger Rambert hat in einem heftigen Hickhack zwischen Gefängnisarzt, Institut für Rechtsmedizin des Universitätsspitals, Gerichtspräsident und Staatsanwalt für seinen Mandanten eine medizinische Dispens erstritten. Camenisch wird an den kommenden Tagen nicht anwesend sein, um in der Gefängniszelle seine «Reizüberflutung» abzubauen, wie es im ärztlichen Attest heisst.

Der Auftritt am Vortag vor dem Geschworenengericht war Camenischs erste Begegnung mit der Öffentlichkeit seit dem Prozess von Carrara vor über zwölf Jahren. Gewohnt an die Einsamkeit im Gefängnis, war er plötzlich über hundert Menschen im Gerichtssaal ausgesetzt, zudem konfrontiert mit Richtern, Ankläger, Geschworenen. Das war offenbar ein Schock – obwohl er gegen aussen ruhig, ja unbeteiligt blieb. In der ersten Prozesswoche wird die Tötung des Aufsehers Fritz Jenni in Regensdorf verhandelt. Die Beweislage und die Zeugenaussagen zeigen, dass nur die drei Männer aus Bergamo im Besitz von Waffen waren, nicht aber Camenisch.

In der zweiten Woche, als es um den Mord am Grenzwächter Kurt Moser geht, ist auch der Angeklagte Camenisch wieder anwesend. Er wirkt erholt, wach und aufmerksam. Aber die Indizienkette, die Staatsanwalt Weder dem Gericht am 2. Juni 2004 nach dreiwöchiger Beweisaufnahme in seinem Plädoyer vorlegt, wiegt schwer.

Ulrich Weder beendet seine Anklage mit dem Hinweis, in einem Mosaik von Beweismitteln könne durchaus ein Teilchen fehlen, trotzdem ergebe sich ein abgerundetes Bild, das keinen Zweifel offenlasse an der Täterschaft von Marco Camenisch bei der Ermordung des Zöllners. Die beispiellose Skrupellosigkeit, die scheussliche Vorgehensweise, die einer Hinrichtung gleichkomme, verlange die höchstmögliche Strafe – lebenslänglich Zuchthaus.

In seinem Plädoyer geht Verteidiger Rambert ausführlich auf die Projektile der Tatwaffe ein. Er nennt den Ablauf der ballistischen Ermittlungen eine «prozessuale Ungeheuerlichkeit, da nicht klar und nicht erstellt ist, welche Projektile denn nun eigentlich untersucht wurden». Deshalb sei nicht erwiesen, dass der Angeklagte den Grenzwächter Kurt Moser getötet habe (Anhang 10, Seite 195). Auch das Signalement des Täters sei widersprüchlich. Sein Mandant sei einzig zum falschen Zeitpunkt am falschen Ort gewesen und habe deshalb «nie eine faire Chance gehabt, nicht der Täter von Brusio zu sein».

Rambert stellt Camenisch als politischen Gefangenen dar, der seinen revolutionären, anarchistischen Prinzipien folgt und deshalb unter Generalverdacht steht. Seine Botschaft an die Geschworenen ist klar: Ein Pionier der Bündner Umweltschutzbewegung wird durch ein drakonisches Urteil im erstem Prozess (Strommast Balzers und Kraftwerk Sarelli) zum Staatsfeind und Gewaltverbrecher gestempelt. Rambert ruft Camenischs früheren Weggefährten René Moser in den Zeugenstand. Es ist für Moser die erste Begegnung mit seinem Komplizen seit der gemeinsamen Haft vor 23 Jahren in Regensdorf. Moser sagt: «Unser Anschlag war ein *Chlapf an den Grind* von Leuten, die nur Gewinnmaximierung im Kopf hatten. Und eine Triebkraft zum Weiterdenken. Heute stehen viele Regionen Graubündens unter Schutz, für deren Erhalt wir damals gekämpft haben.» Weshalb er keinen Kontakt mehr pflege zu Camenisch, will Gerichtspräsident Mathys wissen. René Moser, inzwischen 46 Jahre alt, verheiratet, Vater von zwei erwachsenen Söhnen, von Beruf Korber, Scherenschleifer und Hirt, antwortet: «Ich führe ein glückliches Leben und will Marco mein gutes Leben nicht zumuten.» Dann richtet er einen Appell an die Geschworenen: «Vergesst nicht, dass Marco Camenisch viel für Land und Leute und den Schutz der Natur getan hat.»

Verteidiger Rambert erinnert in seinem Plädoyer auch an die «Erklärung von Biella»: *«Aus persönlichen Gründen des fortgeschrittenen Alters, einer geschädigten Gesundheit und von sozialen Verantwortungen und Bedürfnissen ist die Wiederaufnahme klandestiner, bewaffneter Militanz im autoritären Kampf für mich schon lange weder verantwortbar noch möglich.»*

Rambert verlangt sowohl bei der Anklage des versuchten Mordes in Regensdorf wie der Anklage des vollendeten Mordes in Brusio einen Freispruch.

Marco Camenisch erhält das Schlusswort. Er bezeichnet den Prozess *«als Schmierentheater, wie nicht anders zu erwarten war»*, und erzählt eine Geschichte von einst intakten gesellschaftlichen und ökologischen Verhältnisse in den *«Drei Bünden, meiner Heimat»* und von *«einer Zeit mit ‹wilden Mannli› und frei lebenden Bären»*, von einer Welt, deren Verschwinden er, *ragazzo del paese delle alpi,* zutiefst bedauere.

Die nächsten zwei Tage beraten die neun Geschworenen und die drei Richter über das Urteil. Drei Geschworene, zwei Frauen und ein Mann, schlagen sich auf die Seite von Camenisch und bitten die Mitgeschworenen und die Richter, *in dubio pro reo* zu entscheiden, im Zweifel für den Angeklagten.

# Mehr als lebenslänglich

Am Freitag, 4. Juni 2004 um 15 Uhr wird das Urteil eröffnet. Wie am ersten Tag der Verhandlungen erhebt Marco Camenisch die Faust, als er in den Saal geführt wird. Der Aufforderung, sich für die Verkündung des Verdikts zu erheben, kommt er nicht nach. Das Urteil: Freispruch vom Vorwurf, mitverantwortlich zu sein für die tödlichen Schüsse beim Ausbruch in Regensdorf. 17 Jahre Zuchthaus wegen Mordes an Grenzwächter Kurt Moser in Brusio. Schmerzensgeld von 100 000 Franken an die Witwe und den Sohn des Opfers.

Tumult auf den Rängen. «Schweine!» wird skandiert. «Freiheit für Marco!» Gerichtspräsident Mathys verliest die Urteilsbegründung, die der Anklage entspricht, beim Strafmass allerdings schärfer ausfällt. Staatsanwalt Ulrich Weder hatte eine lebenslängliche Freiheitsstrafe gefordert, ist dabei aber davon ausgegangen, dass Camenisch die in Italien verbüssten zwölf Jahre angerechnet werden. Dies hätte bedeutet, dass er trotz «lebenslänglich» in etwas mehr als sieben Jahren – gute Führung und gute Prognose vorausgesetzt – hätte freikommen können. Das Geschworenengericht spricht nun 17 Jahre als Zusatzstrafe aus, womit sich das Strafmass auf 29 Jahre erhöht. «Viel mehr als lebenslänglich, was selbst den Staatsanwalt erstaunt hat», wie die NZZ schreibt und daran erinnert, dass im Schweizer Recht als höchste zu verbüssende Strafe 20 Jahre gelten.

Die SÜDOSTSCHWEIZ schreibt, der Grundstein für die Tragödie Camenisch, die an ein Stück von Shakespeare erinnere, sei 1981 mit dem drakonischen Urteil von zehn Jahren gelegt worden. Dass es AKW-Gegner gab und Wachstumskritiker und dass der Club of Rome schon seit ein paar Jahren seine alarmierenden Studien zum Zustand der Umwelt publizierte, sei leider nicht bis Chur gedrungen. Diese Ignoranz habe den Lebensweg Camenischs entscheidend beeinflusst.

Bilanz zieht auch die NZZ. Sie entdeckt in Camenischs Leben «romanhafte Züge», die es für manche so schwierig machten, in ihm den abgebrühten Mörder zu sehen. «Der aufmüpfige Revoluzzer, der sich gegen den Staat und die Industrie aufbäumt. Der dafür hart bestraft wird und die erste Gelegenheit zur Flucht benutzt – und dabei auch Tote in Kauf nimmt. Der nach jahrelanger Flucht im Ausland in sein Heimatdorf zurückkehrt, um das Grab seines verstorbenen Vaters zu besuchen. Der in der Morgendämmerung ausgerechnet einem Grenzwächter über den Weg läuft – und den ehemaligen Arbeitskollegen seines Vaters erschiesst. Der sich danach im Pfarrhaus versteckt und somit den Pfarrer, einen engen Freund des verstorbenen Vaters, in einen tiefen Gewissenskonflikt stürzt.» Auf seinem Lebensweg sei Camenisch in eine Gewaltspirale geraten, die bis hin zum Mord führte. Dafür werde er vom Rechtsstaat bestraft. Dass er den Mord weiterhin leugne, müsse er vor sich selber und seinem Gewissen verantworten.

Nach der Verurteilung zu 17 Jahren Zuchthaus wird Marco Camenisch am 11. Juni 2004 in die Strafanstalt Pöschwies in Regensdorf verlegt, dorthin, wo ihm vor 23 Jahren die Flucht gelungen ist. Zwar steht das Gefängnis noch am selben Ort, doch der Bau aus meterdickem Backstein ist durch einen neuen, seither ausbruchsicheren Betonklotz ersetzt worden. Camenisch arbeitet in der Buchbinderei, wo er mit Zuschneiden, Stanzen, Rillen und Ritzen von Karton, dem Bedienen der Schneid- und Falzmaschine und dem Drahtheften beschäftigt ist. «Die Quantität und die Qualität seiner Arbeitsleistung sind hervorragend», attestiert der Direktor Hans-Jürg Baumann. «Marco Camenisch ist ein eher ruhiger Gefangener, der sich gerne in die Zelle zurückzieht. Ab und zu hilft er anderen

Gefangenen bei rechtlichen Angelegenheiten und wird dadurch von allen auf der Gruppe akzeptiert und respektiert. In seiner Freizeit besucht er einen Englischkurs und verbringt viel Zeit mit Schreiben von Briefen.»

Der Schwester seiner Mutter schreibt er: «*Den* TV *habe ich aus der Zelle geschmissen. Fernsehen nimmt zu viel Zeit und Energie weg, was sich nicht lohnt, bei dem Saich, der da kommt. Nun habe ich das Giftgerät aber wieder, doch der Entzug hat Wirkung gezeigt, ich schaue praktisch nur noch die italienische Tagesschau, die mir fehlte, da ich auf meinem Radio keinen italienischen Nachrichtensender bekomme.*»

Nachdem er die Lizentiatsarbeit seiner Tochter gelesen hat, schreibt er: «*Ich habe zwar keine Ahnung von den Kriterien zu ihrer ‹Bewertung›, aber ich finde sie gut durchstrukturiert und die Schlussfolgerungen entsprechen meinen ‹auf dem Wege im Gehege› gemachten kritischen Gedanken. Auch die Verständlichkeit ist gut. Habe etliches dazulernen können. Danke! Denke, eine Ahnung bekommen zu haben, wie viel Arbeit, Aufwand und Nerven dich das gekostet haben muss. Als ‹Gegenleistung› sende ich dir vielleicht die Übersetzung, die ich am Bearbeiten bin: Karl von Clausewitz und der Volkskrieg – viele Abende-Nächtearbeit. (...) Tja, Gewaltlosigkeit. Wo Leben ist, ist auch Gewalt. Ich finde die Fragestellung, wenn grundsätzlich und strategisch im Rahmen von Kampf betrachtet, ziemlich irrelevant bis barer Unsinn. Das Problem ist ja die organisierte und technisierte Gewalt und die Bedingungen, von denen sie hervorgerufen wird. ‹Gewaltlosigkeit› gehört, wenn schon, dem Taktischen an. (...) Als Taktik im Kampf ist Gewaltlosigkeit eigentlich genauso wichtig wie selbstverständlich, denn wer könnte schon dermassen blöd sein, Gewalt anzuwenden, wenn dieselben Ziele gewaltlos oder möglichst gewaltlos erreicht werden können. (...) Ich hoffe, das Bitzeli (ein Tausender), das ich Euch von hier aus für Weihnachten liefern kann, sei gut angekommen. Alles Liebe dir und allen deinen Lieben. Herzlichst, Marco*»

Während Camenisch im Gefängnis sitzt, werden immer wieder Anschläge verübt, deren Bekenner sich auf den Bündner Anarchisten beziehen. Meist handelt es sich bei der Täterschaft um kleine, autonom operierende Gruppen. Auch 2013 bei den Ermittlungen gegen die Zelle Olga gerät Camenisch ins Visier der italienischen Justiz. Die Fahnder sind in der Wohnung von anarchistischen Attentätern auf Briefe des Schweizers gestossen. Mitglieder von Olga haben mit gezielten Schüssen das Knie des Unternehmers Roberto Adinolfi zertrümmert. Adinolfi ist Präsident der Industriegesellschaft ANSALDO NUCLEARE und erklärte nach der AKW-Katastrophe von Fukushima, die Kernenergie bleibe auf Jahrzehnte die sicherste Energiequelle für Europa.

Im Gefängnis arbeitet Camenisch zuverlässig, ist freundlich und zuvorkommend gegenüber Aufsehern und Mitgefangenen, wird von den Gefängnisverantwortlichen gelobt. Trotzdem ist er immer wieder in Scharmützel mit den Strafvollziehern verwickelt. So weigert er sich kategorisch, sich der Urinprobe zwecks Nachweis von Cannabiskonsum zu unterziehen, was den Entzug des Computers für mehrere Monate nach sich zieht. Dem Vielschreiber Camenisch bleiben nur Block und Bleistift.

## Arrevair Mama

Ende April 2005 stirbt Camenischs Mutter Annaberta und drei Wochen später sein Bruder Renato. Mit dem Tod der Mutter verliert Marco Camenisch seine engste Vertraute. Sie hat ihren Sohn auf seinem schwierigen Weg treu begleitet und unerschütterlich zu ihm gehalten. Im SF-Dokumentarfilm *Camenisch – Mit dem Kopf durch die Wand* sagt sie: «Marco und ich haben nie über das Tötungsdelikt in Brusio gesprochen. Es hat sich nie ergeben. Aber wenn Marco plötzlich sagen würde, ‹ich habe alles falsch gemacht›, würde er zerbrechen, dann hätten sie erreicht, was sie wollen.»

Der Sohn verfasst Abschiedsreden für Mutter und Bruder, die beim Begräbnis in Poschiavo vorgelesen werden (Auszüge): *«Lieber Renato, fratello mio, das waren die letzten Worte, die ich von so fern und so nah, trotz meinen Tränen, zu dir sagen konnte, weil ich wusste, der Husten ist gekommen, um dich zu holen. Weg von uns, nach unserem geliebten Vater, nach unserer geliebten Schwester Hildegard, so kurz nach Annaberta, unserer Mutter. (...) Vor langer Zeit bist du verstummt, es war deine Auflehnung gegen die unerbittliche Verwertungs- und Unterwerfungsmaschinerie dieser kapitalistischen Gesellschaft, die gleichsam das Menschliche und Natürliche verachtet und frisst. Unsere Eltern haben dich im Hafen ihrer Liebe, Grösse und Kraft schützend aufgenommen, haben dich nicht einfach einem Arbeitslager für unangepasste und kranke Menschen ausgeliefert. (...) Deine Beredsamkeit des Schweigens, des nichts Wollens, des Gebens, das ist Liebe, das warst du, das wirst du immer bleiben.»*

*«Liebe Mama. Bei unserem letzten und schönsten Besuch im Knast hatten wir entschieden, dass ich nicht versuchen werde, an dein Sterbebett und an die Bestattung zu kommen, um uns allen die zu erwartende staatliche Macht- und Paranoia-Demonstration zu ersparen. (...) Dein Wunsch war auch, wir sollten nicht traurig sein,*

*wenn du stirbst. Natürlich sind wir traurig. Denn du fehlst uns so, wie du immer für uns alle und mit uns allen da warst, so, wie du durch alle Freude, Mühsal und Kämpfe hindurch für uns mit uns da warst. Liebe Annaberta, liebe Mama, liebe Genossin und Mitstreiterin für eine gerechtere und freie Welt, dein Mut, deine Kraft, deine Liebe sind uns allen ein leuchtendes Vorbild und sind stärker als alles Leiden, waren stärker als alles grosse Leiden in deinem Leben. Du fehlst uns. Es fehlt dir und mir der Abschied. Es fehlt mein Dabeisein hier und jetzt. (...) Liebe Mama, du bist in unseren Herzen, in unseren Leben und in unseren Kämpfen! Hab dank! Wir ehren dich. Wir lieben dich. Dein Marco, in Regensdorf am 17. Mai 2005.»*

Am Begräbnis von Annaberta Camenisch nehmen Verwandte, Bekannte, Nachbarn und Freunde der Mutter teil, auch Marcos Tochter Lena, Bruder Renato und Freunde und Freundinnen Marcos aus den frühen Jugendjahren sind unter den Trauergästen. Und ebenso Andrea Stauffacher und eine Schar von Marcos Sympathisanten, die aus gebührender Distanz von Zivilpolizisten observiert werden.

Bei der Abdankung ergreift auch Bernard Rambert das Wort (Auszüge): «Annaberta hat nie von Solidarität geredet – sie hat sie gelebt. Für Menschen da zu sein, ihnen zu helfen, ihnen eine Mutter und Freundin zu sein, war ihr eine Selbstverständlichkeit. Sie war da – für alle Menschen, die es in ihren Augen verdienten. Und es waren viele. Annaberta war wie ein unerschütterlicher Felsen inmitten der rauen Berge. Immer da. Mit einer starken und ungebrochenen Ausstrahlung, trotz vieler Unwetter, die in ihrem Leben über sie einbrachen. Natürlich war sie auch zerbrechlich und verhehlte dies nicht. Das hat ihre Stärke ausgemacht. (...) Und ich bin unendlich dankbar, dass ich sie vor 15 Jahren anlässlich vom Prozess gegen Marco in Italien kennenlernen durfte und uns seither eine Freundschaft verband. Danke Annaberta.»

Das Bundesgericht stützt im November 2006 die Nichtigkeitsbeschwerde von Anwalt Rambert gegen das Strafmass des Geschworenengerichts: Das Urteil von 17 Jahren ergebe eine Gesamtstrafe von 29 Jahren Zuchthaus. Dies widerspreche dem Schweizer Strafgesetz, welche als Maximalstrafe 20 Jahre vorsehe. Das höchste Schweizer Gericht weist die Vorinstanz an, das Strafmass zu reduzieren. Es erachtet, eingedenk der zwölf abgesessenen Jahre in Italien, acht Jahre zusätzlich als maximal zulässig. So kommt es, dass die Geschworenen in einem zweiten Prozess, am 12. März 2007, das Strafmass von 17 auf acht Jahre herabsetzen. Die von Staatsanwalt Weder nachträglich geforderte Verwahrung lehnt das höchste Schweizer Gericht ab.

Eines Morgens im November 2010 wird Marco Camenisch aus der Zelle in der Strafanstalt Pöschwies geholt, in Fussketten gelegt und seine Handgelenke mit Kabelbinden am Gurt festgezurrt. Vier Kantonspolizisten verfrachten ihn in einen Helikopter und fliegen nach Yverdon auf einen von Waadtländer Polizisten in Kampfmontur abgesperrten Industrieparkplatz. Von dort geht es weiter in einem gepanzerten Fahrzeug nach Orbe.

Die Verlegung in die Westschweiz erfolgt rund um die Ermittlungen zu einem vereitelten Anschlag auf das IBM-Forschungslabor in Rüschlikon. Am 15. April 2010 fahren Constantino Ragusa, Billy Bernasconi und Silvia Guerini von Bergamo kommend in einem Mietwagen aus dem Tessin Richtung Zürich. Die drei sind Ökoanarchisten.

Der 34-jährige Constantino Ragusa veröffentlicht 2006 aus dem Gefängnis in der Zeitschrift TERRA SALVEGGIA einen Aufruf zu Anschlägen gegen die Bio-, Nano- und Nukleartechnologie. Die 28-jährige Silvia Guerini hat seit zehn Jahren regen Briefverkehr mit Marco Camenisch. Sie besucht ihn auch im Gefängnis, woraus sich ein Liebesverhältnis entwickelt. Der letzte Besuch findet am 2. März 2010 in der Strafanstalt Pöschwies statt. 2006 tritt sie, während ihrer Untersuchungshaft in Italien, gemeinsam mit Camenisch in einen Hungerstreik, um gegen die Auslieferung und für die Freilassung eines türkischen Anarchisten zu protestieren.

Abends um 18.30 Uhr erreichen Ragusa, Bernasconi und Guerini das Sihltal und werden in Langnau am Albis von der Zürcher Polizei angeblich zufällig kontrolliert – und sogleich festgenommen. In ihrem Fahrzeug finden die Beamten fünf Propangasflaschen, zwei Kanister mit insgesamt zwölf Litern Benzin, zwei Liter Motorenöl, Material für eine Zündvorrichtung, zwei Roger-Staub-Mützen, einen Bolzenschneider, Funkgeräte, ein Fernglas, eine Klappsäge und eine Taschenlampe. Silvia Guerini trägt zudem zwei Päckchen mit insgesamt 476 Gramm Sprengstoff der Marke Eurogelatina, zwei Aluminiumkapseln und drei Meter Zündschnur auf sich. Im Auto entdeckt die Polizei auch 31 handgeschriebene und frankierte Briefe, in denen sich eine Zelle namens Earth Liberation Front zu einem Anschlag auf das im Bau befindliche Nanotechnologiezentrum von IBM im drei Kilometer entfernten Rüschlikon bekennt. In dem Schreiben steht: «Wir haben mit unserem Anschlag zugewartet, bis die Arbeiten weit fortgeschritten, die Anlagen aufgebaut und die Labors gefüllt waren, um zu ermöglichen, dass unser Angriff nicht symbolisch, sondern so zerstörerisch wie möglich ist.»

In einem Brief an Silvia Guerini und ihre verhafteten Mitstreiter Constantino und Billy drückt Marco Camenisch sein Bedauern aus über den gescheiterten Anschlag. *«Wichtig ist, aus den begangenen Fehlern zu lernen.»* Nach seiner Meinung wäre es wichtig gewesen, «sämtliche umwelt- und menschenzerstörenden Geschäfte» des US-Technologiemultis öffentlich anzuprangern.

Das Sabotagetrio wird vom Bundesstrafgericht in Bellinzona wegen Vorbereitungshandlungen zu Brandstiftung und Verbergen und Weiterschaffen von Sprengstoffen zu einer Freiheitsstrafe von drei Jahren und vier Monaten verurteilt. In der Anklageschrift wird behauptet, dass die Ökoanarchisten die Idee zum Anschlag auf das IBM-Forschungszentrum mit Schweizer Gesinnungsgenossen besprochen und Silvia Guerini «im Rahmen ihrer Besuche bei Marco C. ‹Aufklärungen› in Rüschlikon betrieben hat».

Nach zwei Monaten wird Camenisch erneut gezwungen, seine Zelle zu räumen und umzuziehen. Von Orbe (VD) geht's in die Strafanstalt Lenzburg. Alles wie gehabt: Tagsüber arbeitet er in der Korberei, abends und nachts übersetzt er politische Texte und dicke anarchistische und technologiekritische Wälzer, wie Enrico Manicardis *Zivilisation loswerden* oder John Zerzans *Elemente der Verweigerung*. Und immer wieder Hungerstreiks, etwa um gegen das Weltwirtschaftsforum und gegen die Haftbedingungen spanischer, griechischer oder italienischer Genossen zu protestieren.

Am 7. Mai 2012 hat Marco Camenisch zwei Drittel seiner Strafe verbüsst. Gemäss Artikel 86 des Schweizerischen Strafgesetzbuches (StGB) ist der Gefangene zu diesem Zeitpunkt bedingt in die Freiheit zu entlassen, sofern er sich im Strafvollzug problemlos verhalten hat und davon ausgegangen werden kann, dass er nicht rückfällig wird. Die «gute Führung» im Gefängnis ist bei Camenisch mehrfach bezeugt. Die «anhaltende Gewaltbereitschaft», also das Rückfallrisiko, nach Meinung der Zürcher Justiz jedoch ebenfalls. Sie verwehrt Camenisch die vorzeitige Entlassung.

Anwalt Rambert legt Beschwerde ein. Vergeblich. Er zieht den Entscheid an die nächste Instanz. Ohne Erfolg. So geht es hin und her und immer weiter. Die Justizbehörden schätzen die Fluchtgefahr bei Camenisch als hoch ein und sie weisen darauf hin, dass er eine «Mitwirkung» nach wie vor verweigere. «Mitwirkung» bedeutet eine psychiatrische Begutachtung und eine psychotherapeutische, deliktbezogene Auseinandersetzung mit der Straftat, aus der Reue, Einsicht und eine delinquenzfreie Existenz nach der Verbüssung der Strafe resultieren soll (sogenannte Legalprognose). Als Anarchist lehnt Camenisch eine «Mitwirkung» kategorisch ab. (Anhang 11, Seite 198)

Ein vertrauliches Sitzungsprotokoll vom April 2013 zeigt, dass sich das Amt für Justizvollzug des Kantons Zürich mit seiner Haltung über eine Empfehlung der Direktion der Strafanstalt Lenzburg hinwegsetzt: «Seitens der JVA (Justizvollzugsanstalt) kann man sich – trotz der belastenden Legalprognose – zwei bis drei begleitete Urlaube und danach die Versetzung in den offenen Vollzug vorstellen, um Marco Camenisch Bewährungsfelder zu ermöglichen.»

Am 3. Dezember 2014 entscheidet das höchste Gericht in Lausanne. Camenisch muss die gesamte Strafe verbüssen: Er wird trotz guter Führung im Gefängnis nicht vorzeitig entlassen. Das höchste Schweizer Gericht verlangt jedoch, dass «Lockerungsschritte der Haft nunmehr ernsthaft zu prüfen sind». (Anhang 12, Seite 199).

Der Briefverkehr zwischen Camenisch und seiner Tochter ist ab 2010 nicht mehr sehr rege. Auch Lenas Besuche werden seltener und bleiben ab 2012 ganz aus. *«Es tat weh, als ich spürte, dass Lena sich entfernt, zeitlich und emotional. Aber ich habe ja gesehen, wie stark sie beschäftigt war, mit ihrer anspruchsvollen akademischen Arbeit, mit Ehemann und drei kleinen Kindern.»*

Lena erzählt: «Wenn ich heute zurückschaue, weiss ich wenig über die Besuche bei Marco, darüber, was wir gesprochen und worüber wir – aus Rücksicht auf den andern – nicht geredet haben. Was ich weiss, ist, dass die Besuche im Gefängnis und die Auseinandersetzung mit Marco mich, trotz schöner Momente, emotional stark beansprucht haben. Dass mein eigenes Leben, der Abschluss des Studiums und der anschliessende Berufseinstieg sowie meine eigene Familie im Zentrum standen, dass ich diesen Raum schützen musste. Das war auch der Grund, weshalb ich dem Prozess am Geschworenengericht in Zürich ferngeblieben bin und den Verlauf in den Medien verfolgt habe. Marco und ich sind irgendwann übereingekommen, dass ich ihn vorläufig nicht mehr besuche. Es ist ja leider so, dass Gefangene ein sehr kleines Besuchskontingent haben und sie sich jeweils ziemlich lange zum Voraus festlegen müssen, welche Leute sie regelmässig sehen möchten. Marco musste Prioritäten setzen und auch ich habe gespürt, dass ich ihn nicht länger regelmässig sehen möchte und kann. Dieser Entscheid fiel in die Zeit der Geburt meines jüngsten Kindes. Ab und an hat Marco noch bei uns angerufen und meine älteren zwei Kinder haben sich gefreut, mit ihrem ‹Näni› zu schwatzen. Irgendwann rief er nicht mehr an. Ich fragte mich warum, hat er Depressionen, oder ganz einfach viele spannende Besuche, einen Haufen Arbeit mit Übersetzen, mit Solidaritätserklärungen, mit Lektüre etc.?»

## 8. Mai 2018

Nach vier Jahren Lenzburg wird Camenisch im Frühjahr 2014 ins Gefängnis Bostadel bei Menzingen im Kanton Zug verlegt. Der moderne Hochsicherheitsbau liegt über der Sihl, auf einem weiten Hügelzug zwischen dem Zürich- und dem Zugersee.

In Bostadel sind rund 180 Hälftlinge aus 33 Nationen inhaftiert. Die Hälfte der Gefangenen ist wegen Delikten gegen Leib und Leben eingesperrt. Ein Viertel verbüsst Strafen über zehn Jahre. Zehn Insassen sind verwahrt.

Marco Camenisch lebt seit über 23 Jahren ohne Unterbruch hinter Gittern. Er büsst mit aller Härte, die das Strafgesetz für nichtreuige Täter vorsieht. Keine bedingte Entlassung, keine Hafterleichterungen, keine SMS, keine E-Mail, kein Internet, kein Urlaub, auch nicht, um den letzten Willen seiner vor zehn Jahren verstorbenen Mutter zu vollstrecken: ihre Asche in den Bündner Bergen der Natur zu übergeben.

Im Zuchthaus Bostadel kann Marco Camenisch bei geöffnetem Fenster Kuhgebimmel hören, und nach Gewittern dringt aus dem Graben das Rauschen der Sihl auf die Anhöhe, wo das Gefängnis in einer idyllischen Landschaft zwischen Wald und Wiesen steht. Nachts, wenn die schweren Türen ins Schloss fallen und mit einem kurzen metallenen «Ritschratsch» abgeriegelt werden, bleiben die Geräusche aus den Nachbarzellen: TV-Töne, Musik, WC-Spülung, manchmal Fluchen, Stöhnen. Die Schweinwerfer draussen an den Mauern werfen Licht in die Zellen, in die engen vier Wände, die den Häftling zehn Stunden, von 9 Uhr abends bis 7 Uhr in der Früh, einschliessen.

Der Tagesablauf ist streng strukturiert und sieht werktags so aus:

6.30 Wecken durch kurzes Läuten der Gefängnisglocke

7.00 Zellenöffnung und Frühstück
7.20 Abmarsch in die Werkstatt
7.25 Arbeitskleidung anziehen
7.30 Arbeitsbeginn
9.15 Kaffeepause
9.30 Arbeit
11.30 Arbeitsunterbruch
11.35 Abmarsch zum Zellentrakt
11.40 Passieren des Metalldetektors (Leibesvisitation)
11.45 Einreihen im Esssaal für Mahlzeit- und Postabgabe
11.50 Mittagessen, Hofgang, Aufenthalt in der Zelle oder im Gemeinschaftsraum, Möglichkeit zum Besuch des Sozialarbeiters und des Sanitäters. (Die Mahlzeit kann mit in den Aufenthaltsraum im Zellentrakt genommen werden, wo Herdplatten, Tisch und Stühle zur Verfügung stehen.)
13.25 Abmarsch zur Werkstatt
13.30 Wiederaufnahme der Arbeit
15.15 Kaffeepause
16.20 Arbeitsende, umziehen, Metalldetektor passieren
16.30 Abendessen, Post- und Paketabgabe
16.45 Einkäufe am Kiosk (Getränke, Zigaretten, Schokolade etc.) und aus der Küche (Gemüse, Fleisch etc.). Möglichkeit zum Besuch des Sozialarbeiters.
17.00 Hofgang, Kraftraum, Tischfussball, Billard, Karten-, Schach-, Dominospiel, Sprach- und andere Kurse.
18.00 Schliessung der Zellentrakte. (Dienstag und Donnerstag um 20 Uhr)
21.00 Einschluss in der Zelle, TV und Radio auf Zimmerlautstärke
7.00 Aufschluss der Zelle
Neuer Tag.
Dasselbe Leben.

Fast 10 000 Tage und Nächte, 26 Jahre und drei Monate wird Marco Camenisch im Gefängnis verbracht haben, wenn er im Frühjahr 2018 entlassen wird.

Er wird dann 66 Jahre alt und seit seinem 30. Lebensjahr eingesperrt oder auf der Flucht gewesen sein.

Ich frage ihn: Wie hältst du das aus?

Marco sagt: «*Es ist mein Glaube an die Menschheit und die Veränderbarkeit der Welt. Und mir hilft, was man ‹gutes Leben› mit den Menschen nennt, oder anders gesagt: die Solidarität. Um den Dingen auf den Grund zu gehen, muss ich von den Menschen unterstützt werden, Menschen, die mich gerne haben, die an mich, an unsere Sache glauben. Und wenn ich gefragt werde, wie vereinbart sich die Liebe zur Menschheit mit dem Hass gegen den Feind, antworte ich: Es gibt das Leben, es gibt den Tod, es gibt den Kampf. Aber der Hass muss bekämpft werden. Nicht aus ethischer Überlegung, sondern zum Erhalt der Klarsicht.*

*Hass blendet den Geist, verschliesst dir Augen und Ohren, lenkt vom Wesen der Probleme ab. Deshalb ziehe ich das Wort ‹Wut› dem Wort ‹Hass› vor. Wut gegen die Funktion dieses Menschen anstatt Hass gegen den Feind.*»

Spätestens im Frühjahr 2018 ist Marco Camenisch auf freiem Fuss.

Wie wird er leben? Wo und mit wem?

Vor zwei Jahren ist aus einer mehrjährigen Brieffreundschaft eine Liebesbeziehung zu einer Genossin aus Dresden geworden. Catrin Rohde ist in der DDR aufgewachsen, arbeitet als Altenpflegerin, hat vier erwachsene Töchter und war als Erstunterzeichnerin des «Aufbruch 89» eine Regimekritikerin. Sie erzählt: «Nach dem Mauerfall, als ich mitansehen musste, wie die Menschen sich dem Götzen Kapitalismus unterwerfen, bin ich in ein tiefes Loch gefallen.» Bald jedoch habe sie ihre politische Identität gefunden: «Keine Hierarchie, keine Herrschaft, kein Staat, das war es, was ich gesucht und gefunden hatte.» Seit vielen Jahren sei sie vor allem aktiv «in der Knastarbeit».

Camenisch besucht sie erstmals 2010. Der Kontakt wird enger. «Eines Tages hatte ich Schmetterlinge im Bauch – und Marco auch.» Heute schreiben sich die beiden wöchentlich drei bis vier Briefe und Rohde reist jeden zweiten Monat an, um Marco samstags und sonntags für jeweils drei Stunden im Besuchsraum des Gefängnisses Bostadel gegenüberzusitzen, auf einem Stuhl an einem Tisch unter andern Besuchern.

Ich treffe Catrin Rohde in Zürich im Kreis 4, wo sie bei Genossinnen der Roten Hilfe Schweiz logiert, wenn sie auf Gefangenenbesuch kommt. Rohde ist eine temperamentvolle, jugendlich wirkende Frau. Die Frage nach einer gemeinsamen Zukunft mit Camenisch beantwortet sie so: «Ich kann mir vorstellen, dass Marco nach der Entlassung in unserer WG in Dresden lebt. Wir haben ein offenes Haus, eine Lebensgemeinschaft ohne Hierarchie, mit politisch spannenden Menschen, die Marco gewiss gefallen würden. Ich kann mir auch vorstellen, in die Schweiz zu ziehen.»

Marco Camenisch fragt zurück: «*Was wird sein, wenn ich draussen bin? Wann werde ich draussen sein? Werde ich Auflagen erfüllen, mich regelmässig bei der Polizei melden müssen? Wie werde ich fertig werden mit der plötzlichen Freiheit, mit dem Alltag, den ich seit einem Vierteljahrhundert als einen streng geregelten Ablauf ohne Selbstbestimmung erdulden muss? Vieles ist ungewiss. Aber ich wünschte mir, nach der Entlassung noch mitarbeiten zu können an Projekten, in einer Gemeinschaft zu leben mit Freunden und Genossen. Selbstversorger zu sein in einer ländlichen Gegend in einem offenen Haus, wo Leute beherbergt werden können, Leute aus Nordeuropa, Spanien,*

*Italien, aus den USA, kurz: aus der ganzen Welt, und wo es einen regen politischen und gesellschaftlichen Austausch gibt, wo man aber auch ganz einfach Ferien macht mit Kind und Kegel. Wenn ich als alter ‹Chnuschti› noch die Kraft habe, werde ich mitarbeiten, im Haus und in der landwirtschaftlichen Gemeinschaft, werde vielleicht weiter Körbe machen, daneben anarchistische, widerständische und kulturelle Schriften übersetzen, Kampagnen begleiten, versuchen, das fortzusetzen, was mein Leben in den letzten 30 Jahren ausgemacht hat. Örtlich sehe ich mich am ehesten in den Tessiner Bergen oder im Jura. Nach Italien, zurück, wo ich mich am stärksten ‹daheime› fühle, wo viele meiner engsten Freunde und Genossen leben, kann ich nicht. Dort habe ich ein lebenslanges Einreiseverbot. Realistisch ist wohl, dass ich mich auf mehrere Lebensorte einstelle: Dresden, Tessin/Jura und Zürich. In Zürich leben viele Genossen und Genossinnen, die mich in all den Jahren im Knast treu begleitet haben. Mit diesen Menschen endlich in Freiheit zusammen zu sein, ist mir sehr wichtig. Kommt dazu, dass ich hier in Zürich eine Arbeitsstelle garantiert habe, als Lagerist in einem Getränkehandel von Freunden. Auch eine kleine Wohnung steht bereit. Fehlt nur noch die Entlassung.»*

Die erfolgt am 8. Mai 2018.

Unbedingt.

# Anhang

## 1 — H. D. Thoreau

*Über die Pflicht zum Ungehorsam gegen den Staat*

Seite 74

Im 1840 verfassten Essay stellt der amerikanische Schriftsteller Henry David Thoreau die Kernfrage der Demokratie: Dürfen Mehrheiten über Recht und Unrecht, ja sogar über Gewissensfragen entscheiden? Darf der Bürger auch nur für einen Augenblick und im geringsten Grad sein Gewissen dem Gesetzgeber überlassen?

Kühn reklamiert der 30-jährige Thoreau ein individuelles Gewissensrecht gegen ungerechte Mehrheitsentscheidungen: «Wenn das Gesetz dich zum Arm des Unrechts macht, dann, sage ich, brich das Gesetz.» Mahatma Gandhi verteilte die Schrift Thoreaus unter seinen Schülern, die amerikanische Bürgerrechtsbewegung bezog sich auf Thoreau in ihrem Kampf für die Gleichberechtigung.

## 2 — Ernst Cincera

*Die unheimliche Geschichte der Staatsschützer*

Seite 82

Ernst Cincera hat mit Gesinnungsgenossen in den 70er-Jahren Tausenden von Mitbürgern nachgespürt und deren Alltag, Aktivitäten und Beziehungskreis protokolliert und in geheimen Akten/Fichen festgehalten. «Der Missionar und die Maulwürfe», wie die NZZ einen Bericht über Cincera und seine Helfer betitelte, sehen das Land von Linken unterwandert und sammeln alles, was ihnen über vermeintlich Subversive zugetragen wird oder in die Finger kommt. Bereits die

Teilnahme an einer öffentlichen Veranstaltung über Friedenspolitik, Mietrecht oder Frauenemanzipation reichen aus für eine Denunziation und einen Eintrag in einer geheimen Fiche. Cincera beschäftigt Spitzel, die er in Gruppen einschleust und die ihm über Veranstaltungen und Versammlungen berichten sowie Flugblätter, Anwesenheitslisten und Protokolle beschaffen.

Vierteljährlich gibt Cincera ein Bulletin namens *Was Wer Wie Wann Wo* heraus, in dem er vor der «roten Gefahr» und vor einem drohenden Umsturz durch Kommunisten in der Schweiz warnt. «Seine Abonnenten aus Wirtschaft und Verwaltung schätzen die denunziatorische Arbeit», schreibt die NZZ. «Auf Anfrage gibt Cincera auch gezielt Auskunft über Personen, die sich in seiner Registratur befinden, was mitunter gravierende Auswirkungen hat: Entlassungen, Nichteinstellungen, gescheiterte Karrieren – aufgrund von Vermutungen und selten von gesicherten Informationen. Vor allem in den Schulen ist die Angst vor einer Unterwanderung durch Marxisten gross.» Als Aktivisten des Demokratischen Manifests um den Journalisten Jürg Frischknecht am 20. November 1976 einen Spitzel enttarnen und Cinceras Geheimarchiv ausheben, erlebt die Schweiz einen der grössten politischen Skandale der Nachkriegszeit. Die Medien schreiben von einem Watergate in Zürich. Die Affäre polarisiert das Land. Für die Linke ist Cincera der Inbegriff des «unheimlichen Patrioten». Der Zürcher Regierungsrat dagegen stellt sich hinter den FDP-Nationalrat und Oberstleutnant und begrüsst die «aktive Mitwirkung einzelner Bürger und Organisationen bei der Aufdeckung staatsfeindlicher Umtriebe».

Was die Schweizer Bevölkerung zu dieser Zeit noch nicht weiss, Bundespolizei und Staatsschutz bespitzeln im Auftrag des «Eidgenössischen Justiz- und Polizeidepartements» seit Jahrzehnten systematisch Hunderttausende von Mitbürgern. 900 000 Personalakten hat der Staat in den Jahren des Kalten Krieges angelegt. Jeder zwanzigste Schweizer und jeder dritte Ausländer ist in der geheimen behördlichen «Subversiven»-Kartei erfasst. «Das Misstrauen gegenüber den eigenen Bürgern ist erschreckend», schreibt die NZZ. «Es herrscht ein Klima des Verdachts. Jahrzehntelang werden elementare Bürgerrechte verletzt.» (Zitiert aus: NZZ vom 30. Oktober 2014 und 22. November 2014)

---

### 3 — Herr und Frau Müller

*Den Saustall ausmisten und die Demonstranten erschiessen!*

Seite 83

---

Zu der mit Stadträtin **Emilie Lieberherr**, Polizeivorsteher **Hans Frick** sowie Polizeikommandant **Rolf Bertschi** und SP-Präsident der Stadt Zürich **Leonhard Fünfschilling** prominent besetzten Gesprächsrunde im Schweizer Fernsehen gehören auch zwei Vertreter der Jugendbewegung. Sie treten unter dem Pseudonym Anna und Hans Müller auf, sind adrett gekleidet, er in Veston und Krawatte, sie in weisser Rüschenbluse und dunklem Jacket. Kaum hat die Diskussion begonnen und Polizeivorsteher Frick die Gefährlichkeit der Bewegung herausgestrichen, wechselt das Krawallpärchen ins Lager der empörten Bürger und fordert «härtere Massnahmen gegen diese Brut». Unter den staunenden und zunehmend erschreckten und wütenden Blicken der übrigen Gesprächsteilnehmer empfiehlt Frau Müller dem Polizeivorstand, das AJZ, «diesen Saustall und Zelle der Kriminalität», «dem Erdboden gleichzumachen.» Als die junge Dame wenig später anregt, Demonstranten, die mit Molotowcocktails und Pflastersteinen gegen

Polizisten vorgehen, «gleich zu erschiessen» und «endlich die Armee einzusetzen gegen diese Chaoten», läuft dem Gesprächsleiter **Jan Kriesemer** die Sendung aus dem Ruder.

Die Jugendbewegung hat ihre helle Freude am Diskusionbeitrag von Herrn und Frau Müller. Auch Nicht-Linksradikale sind begeistert, hat doch die aus aktuellem Anlass live ausgestrahlte Gesprächsrunde einen überdurchschnittlich hohen Unterhaltungswert. Bei der Mehrheit des TV-Publikums dagegen löst der Auftritt des Paares Empörung und Entsetzen aus.

---

## 4 — Gefängnisarzt Ralf Binswanger

*Isolationshaft ist Folter*

Seite 93

---

Die Ergebnisse der wissenschaftlichen Untersuchung über Isolationshaft werden erstmals 1975 in der SCHWEIZERISCHEN ZEITSCHRIFT FÜR STRAFRECHT publiziert. Die mit faktischer und sprachlicher Präzision verfasste Arbeit des Psychiaters **Ralf Binswanger** und des Juristen **Werner Brandenberger** ist unter Fachleuten der Justiz und des Strafvollzugs ein Bestseller. Zwei Jahre später veröffentlicht der Mediziner Binswanger die Ergebnisse mit zusätzlichen Erkenntnissen in der SCHWEIZERISCHEN ÄRZTEZEITUNG: «Die Einzelhaft bewirkt eine Vielzahl von psychischen Störungen. Zum Beispiel starke Stimmungsschwankungen, Angstzustände, Konzentrationsschwierigkeiten, in schweren Fällen Wahrnehmungsstörungen und Halluzinationen. Die Folgen sind in der juristischen Literatur längst beschrieben worden: Zermürbung, Geständniszwang, Selbstmordgefahr usw. Das Wort ‹Isolationsfolter› mag unsachlich und provozierend wirken. Aber ich muss feststellen, dass der Charakter einer Folter doch gegeben scheint.»

## 5 — Ulrike Meinhof
*Natürlich kann geschossen werden*
Seite 104

Diesen berühmt-berüchtigten Satz hat die RAF-Terroristin Ulrike Meinhof im Untergrund der französischen Reporterin **Michèle Ray** diktiert. Ray kannte Meinhof seit Jahren. Beide Frauen haben beim links-intellektuellen Monatsmagazin KONKRET gearbeitet. Ulrike Meinhof war – bevor sie sich dem bewaffneten Kampf verschrieb und in den Untergrund ging – mit ihren gesellschaftskritischen Kolumnen und Essays eine der meistbeachteten politischen Autorinnen im Deutschland der Nachkriegsjahre. Michèle Ray erwarb sich mit Reportagen aus dem Vietnamkrieg, von der Jagd auf Che Guevara in Bolivien und über die PLO weit übers linke Lager hinaus hohes Ansehen. Ray war mit **Konstantin Costa-Gavras** verheiratet, dem Regisseur des preisgekrönten Filmklassikers Z – *Anatomie eines politischen Mordes.*

Michèle Ray traf die führenden Köpfe der RAF, Ulrike Meinhof, Andreas Baader, Gudrun Ensslin und Horst Mahler, in einer konspirativen Wohnung in einem Berliner Mietshaus. Das 40-seitige Interview mit Meinhof gab die Französin dem Nachrichtenmagazin DER SPIEGEL, der die Tatsache, dass eine der meistgesuchten Terroristinnen sich aus dem Untergrund zu Wort meldete, auf das Titelblatt setzte und im Heftinnern lange Auszüge des Gesprächs veröffentlichte. Ulrike Meinhof begründete darin zunächst, warum **Andreas Baader** befreit worden war: «Erst mal deswegen, weil Andreas Baader ein Kader ist. Und weil wir bei denjenigen, die jetzt kapiert haben, was zu machen ist und was richtig ist, nicht davon ausgehen können, dass Einzelne dabei entbehrlich sind.» Mit einer

Gefangenenbefreiung könnten sich ausserdem viele identifizieren. Und die Aktion zeige, «dass wir es ernst meinen». Dann folgen die berüchtigten Sätze: «Wenn man es hier mit den Bullen zu tun hat, wird argumentiert, die sind ihrer Funktion nach natürlich brutal, ihrer Funktion nach müssen sie prügeln und schiessen und ihrer Funktion nach müssen sie Unterdrückung betreiben, aber das ist ja auch nur die Uniform und es ist nur die Funktion, und der Mann, der sie trägt, ist vielleicht zu Hause ein ganz angenehmer Zeitgenosse. Das ist ein Problem und wir sagen natürlich, die Bullen sind Schweine, wir sagen, der Typ in Uniform ist ein Schwein, das ist kein Mensch, und so haben wir uns mit ihm auseinanderzusetzen. Das heisst, wir haben nicht mit ihm zu reden, und es ist falsch, überhaupt mit diesen Leuten zu reden – und natürlich kann geschossen werden.»

---

**6 — Gino Lucetti**

*Attentat auf Mussolini*

Seite 110

---

Durch den frühen Tod seines Vaters muss Gino Lucetti bereits mit zehn Jahren in den Marmorsteinbrüchen von Carrara arbeiten. Nach dem Ersten Weltkrieg, an dem er als Soldat der Sturmtruppen teilnimmt, wandert er nach Marseille aus, wo er zum Antifaschisten und Anarchisten wird. In den 20er-Jahren kehrt er nach Italien zurück, wo er am 11. September 1926 in Rom ein Bombenattentat auf Benito Mussolini verübt. Der Duce bleibt unverletzt. Lucetti wird verhaftet und zu 30 Jahren Gefängnis verurteilt. 1943 wird er von den Allierten aus dem Gefängnis auf der Insel Santo Stefano befreit. Er zieht sich auf die Insel Ischia zurück, wo er wenige Monate nach seiner Befreiung einem deutschen Bombenangriff zum Opfer fällt.

## 7 — Anarchismus:
*Marco Camenischs koordinierte Aktionen; Buenaventura Durrutis kurzer Sommer; Alfredo Bonannos bewaffnete Freude*
Seite 116

Anarchie («ohne Herrschaft») wird landläufig mit Chaos, Faustrecht und Terror gleichgesetzt. Bekannt sind einer breiteren Öffentlichkeit die anarchistischen Attentate auf die österreichische Kaiserin Sissi und auf König Umberto I. Entstanden ist der Anarchismus als politische Bewegung im 18. Jahrhundert, im Gefolge der bürgerlichen Revolutionen in Frankreich und Deutschland. Im 20. Jahrhundert hat der Anarchismus im Kampf für die Republik Spaniens und gegen die faschistische Diktatur Mussolinis eine wichtige Rolle gespielt. Während Karl Marx seine Kritik an «Freiheit, Gleichheit, Brüderlichkeit» vor allem darauf aufbaut, dass die politischen Freiheiten der bürgerlichen Revolution lediglich der Aufrechterhaltung der ökonomischen Unfreiheit dienen, nämlich den Erfordernissen der kapitalistischen Wirtschaft, die dem Einzelnen zwar die freie Verfügbarkeit über seine Arbeitskraft, nicht aber über die Produktionsmittel zugesteht, sehen die Anarchisten im Staat und seinen neuen politischen Demokratie- und Verfassungsformen den Ursprung von Unfreiheit und Herrschaft. So wirft der deutsche Anarchist Max Stirner der bürgerlichen Revolution die Fortsetzung der alten «Geringschätzung des Ichs» vor, welche echte individuelle Freiheit weiterhin auf Kosten eines fiktiven Gemeinwohls, repräsentiert durch den Staat, ausschliesse.

Pierre Proudhon, ein französischer Philosoph, den man den «Vater der Anarchie» nennt, bezeichnet 1864 die Demokratie als «Tyrannei der Mehrheit» und sagt sinngemäss, staatliche Regeln, Gesetze und Kontrollen brauche es nicht, sondern die Anarchie, jene Regierungsform, in welcher das öffentliche und private Gewissen allein für die Erhaltung der Ordnung und der Sicherstellung aller Freiheiten sorge. Der russische Anarchist **Mikhail Bakunin** wiederum verurteilt das allgemeine Wahlrecht als Taschenspielertrick, «durch den das Volk im Namen und unter dem Vorwand des Volkswillens unterdrückt wird». Volkssouveränität bedeute bereits an sich die Negation von Regierung: «Wäre das Volk wirklich souverän, gäbe es keine Regierung und keine Regierten.» Dieser Kritik gemäss definierte der Russe **Petr Kropotkin** für die *Encyclopaedia Britannica* einen für alle Richtungen des Anarchismus brauchbaren Begriff.

Liest man die zahlreichen Analysen und Erklärungen, die Camenisch in über drei Jahrzehnten zum Anarchismus im Allgemeinen und zu seiner ganz persönlichen Auffassung von Herrschaftsfreiheit verfasst hat, stellt man fest, dass Kropotkins Wortsinn den Vorstellungen des Bündners ziemlich genau entspricht: «Anarchismus ist die Bezeichnung für ein Prinzip oder eine Theorie des Lebens und Verhaltens, der zufolge man sich die Gesellschaft ohne Regierung vorstellt. In einer solchen Gesellschaft wird die Harmonie nicht durch die Unterordnung unter ein Gesetz oder den Gehorsam gegenüber einer Autorität, sondern durch freie Vereinbarungen zwischen den verschiedenen territorialen und professionellen Gruppen erreicht, die sich zur Regelung der Produktion und des Verbrauchs sowie zur Befriedigung der unendlichen Vielfalt von Bedürfnissen und Wünschen eines zivilisierten Wesens frei zusammenfinde.»

**Marco Camenisch** sagt, in den Schriften der klassischen Anarchisten wie Proudhon, Kropotkin, Bakunin, Mühsam oder Souchy habe er viel Interessantes gefunden und gelernt. Er selbst sei ein Anhänger des *«informellen Anarchismus»,* des sogenannten Insurrektionalismus. Es sei ein Anarchismus, der jede organisatorische Struktur, Komitees, Konsenssuche, Führungsansprüche etc. ablehne, stattdessen in autonomen «Affinitätsgruppen» agiere: «*Die Entscheidungsmacht für anarchistische Aktionen liegt beim Individuum. Was gemacht wird, entspringt meinen eigenen Gedanken und stammt nicht von einer Gruppe. Jede Organisation, auch wenn sie sich als anarchistisch versteht, führt unweigerlich zum ‹Politikantentun›.*» Verbunden fühle er sich weniger den Theoretikern des Anarchismus als vielmehr den «*Anarchisten der Tat*», etwa den Insurrektionalisten und republikanischen Spanienkämpfern Severino Di Giovanni, Josep Lluís Facerías, der französischen Bande Bonnot oder auch Durruti und mit Vorbehalten Bonanno.

Der spanische Anarchist Buenaventura Durruti ist 1896 in der Stadt León geboren. Er beginnt im Alter von 14 Jahren bei der nordspanischen Eisenbahn als Mechaniker und Giesser zu arbeiten. Er beteiligt sich, wie sein Vater und seine sieben Brüder, an Streiks, die von der Armee niedergeschlagen werden, und verübt Attentate, etwa gegen den Erzbischof von Saragossa. Als 1923 der Diktator Primo de Rivera an die Macht kommt, geht Durruti nach Frankreich ins Exil, wo er als Schlosser bei RENAULT arbeitet und als Mitglied der Gruppe Los Solidarios Arbeiterkämpfe und Sabotageakte organisiert. Sowohl in Frankreich wie in Spanien wird er wegen staatsfeindlicher Umtriebe gesucht. Während er vom Exil in Kuba, Belgien und Deutschland aus seine subversive Tätigkeit weiterführt, wird in Spanien die Zweite Spanische Republik ausgerufen. Es folgt eine Periode von Streiks und Aufständen, in deren Verlauf sich bereits grosse Differenzen zwischen Anarchisten, Sozialisten und Kommunisten zeigen. Buenaventura Durruti ist der Kopf der Federación Anarquista Ibérica (FAI). Die FAI wagt 1936, nach einem erfolgreichen Kampf der vereinten Linken gegen die faschistischen Truppen von General Francisco Franco, eines der bedeutendsten Sozialexperimente des 20. Jahrhunderts: In Barcelona entsteht eine selbstverwaltete anarcho-syndikalistische Region, in der das Geld abgeschafft, die Kollektivwirtschaft eingeführt ist und Landwirtschafts- und Industriebetriebe von den Bauern und Arbeitern geleitet werden. Doch das Experiment, das Hans Magnus Enzensberger in seinem meisterhaften dokumentarisch-fiktionalen Stück *Der kurze Sommer der Anarchie* beschreibt, wird gewaltsam beendet, nicht von den franquistischen Gegnern, sondern von den sowjettreuen Kommunisten, die sich den Westmächten als Schutzmacht gegen Trotzkisten, Syndikalisten und Anarchisten empfehlen. Der Spanische Bürgerkrieg endet mit dem Sieg einer Front aus Faschisten, Monarchisten und Katholischer Kirche und führt zur Diktatur General Francos, die bis 1975 dauert. Der Anarchist Durruti wird 1936, im Alter von 40 Jahren, bei der Belagerung von Madrid von einer Kugel tödlich getroffen.

Der italienische Anarchist Alfredo Bonanno, geboren 1937 in Catania, propagiert in seinen Werken den selbstorganisierten, individuellen und unabhängigen bewaffneten Aufstand. Er gilt als einer der zentralen Vertreter des aufständischen Anarchismus oder Insurrektionalismus. Camenisch hat mehrere Schriften und Verlautbarungen, die Bonanno in anarchistischen Zeitschriften und auf Internetplattformen veröffentlichte, ins Deutsche übersetzt. Bonanno bezeichnet den Kapitalismus als «Projekt des Todes» und setzt dem die «Freude am Leben» gegenüber, die sich im bewaffneten Widerstand des Einzelnen äussert. Bonanno wird wegen seines 1977 erschienenen Buches *Die bewaffnete Freude* zu anderthalb Jahren Gefängnis verurteilt. Das Werk wird aus allen Bibliotheken Italiens entfernt. Weitere Strafen muss Bonanno absitzen wegen Zugehörigkeit zu einer «kriminellen Vereinigung mit terroristischen Absichten» sowie wegen bewaffneten Bankraubs. Im November 2010 wird er aufgrund seines Alters aus der Haft entlassen.

---

### 8 — Andrea Stauffacher

*Die Kraft, die mich mit dir verbindet*

Seite 151

---

«Lieber Marco, *compagno caro*
Nach unserer intensiven Diskussion über identitätsstiftende Entwicklungen resp. deren Wurzeln schlossen sich zwar die Knasttore hinter mir, aber in Gedanken ‹diskutierten› wir weiter resp. vermittle ich Dir einige Gedanken (...). Ein tiefes Empfinden gegen Ungerechtigkeiten, Rassismus oder Antisemitismus prägte das soziale Verhalten seit meiner frühesten Kindheit. Ob Mobbing gegen jüdische Kinder im Kindergarten, rassistische Äusserungen von Lehrern oder die sozialen Ungerechtigkeiten, die aufgrund der sozialen Herkunft, der Klassenzugehörigkeit in der Schule oder sonstwo zu eindeutigen Chancenungleichheiten führten ..., begleiteten kontinuierlich die Kindheit und wurden in der Jugend immer stärker ... kaum aushaltbar ... ein nicht verstehen, weshalb nicht alle dies sehen, aufschreien und sich wehren (...). Das gab viel Ärger in der Schule, Reibungen, Auseinandersetzungen. Mein Umzug von Zürich nach Italien war auch unter diesem Aspekt der zentrale Einschnitt ..., als sich in den 70er-Jahren die Strassen mit protestierenden ArbeiterInnen, SchülerInnen, landlosen BäuerInnen, Antivietnambewegten immer mehr füllten, die Zusammenstösse mit der Staatsgewalt die ersten militanten Erfahrungen brachten, die Frage der proletarischen Gewalt, der bewaffnete Kampf, der dann die politische Machtfrage auf die Tagesordnung auch hier in der Metropole setzte. Endlich

konnte das subjektiv Empfundene mit politischer Analyse und Projekten, mit konkretem Kampf in Verbindung gebracht werden. Der Bruch zum System, der herrschenden Gesellschaftsordnung, Kapitalismus und später die Erkenntnisse über Rolle und Funktion des Imperialismus waren eine Art Durchbruch, der plötzlich unweigerlich in politische Kategorien und kollektiveres Handeln führte. Aus Wut und ungezieltem Aktivismus wuchs politische Erkenntnis, vom Widerstand zum Aufbau, Organisierungsprozesse, revolutionäre Perspektiven. Das Einzelne formierte sich zu einem Ganzen zusammen. Man war Teil eines revolutionären Aufbruchs, ob auf den Kontinenten Lateinamerikas, Afrikas, Asiens, dem arabischen Raum. Auch in Europa trat neben den Klassen- und antiimperialistischen Kämpfen die bewaffnete Bewegung auf die Tagesordnung, eine Spur wurde gelegt, die bis heute Teil revolutionärer Politik ist. Das Unmögliche wurde möglich – die Machtfrage auch hier, im Herzen der Bestie zu stellen!

Die revolutionäre Spur dieser Jahre hat tiefe Einschnitte mit sich gebracht, die bis heute, in einer ganz anderen historischen Phase als damals, voll und ganz das Leben und den Kampf bestimmen. Wir befinden uns heute historisch gesehen eindeutig in der Defensive, keine Frage. Die Kernfragen, welche den revolutionären Prozess bestimmen und ihm Kontinuität geben, aber bleiben im Generellen die gleichen. Dies fordert mehr denn je Analyse, ein sich auf theoretische wie praktische Widerspruchsfronten Herauswagen, die richtigen Antworten auf historische Herausforderungen revolutionärer Kräfte, welcher ideologischer Ausrichtungen auch immer, zu finden, durchdringt das Leben. Ein Feuer, das mit den ersten wahrgenommenen Ungerechtigkeiten sich in Form einer zuerst kleinen Flamme entfachte und sich zum zentralen Faktor im Leben entwickelt: Kampf ist Leben – Leben ist Kampf! (...)

Die Kraft und Intensität, die mich mit dir seit Jahrzehnten verbindet, ist aus meiner Sicht in dem oben Gesagten zu suchen. So unterschiedlich unser ideologisches und damit politisches Handeln als Revolutionäre in ihren anarchistischen wie kommunistischen Projekten auch sein mag, ist es dieses Feuer, aus diesem Bruch heraus, die permanente Suche nach verbindenden Elementen, die weit über die ideologischen Differenzen heraus Schritte nach vorne erst wirklich möglich machen. Du als Anarchist, ich als Kommunistin suchen da, wo es möglich ist, und im gegenseitigen Respekt für die eigenen politischen Kampffeldern, eine Gemeinsamkeit. Wir nennen dies z. B. positionsübergreifende Klassensolidarität, positionsübegreifender Antifaschismus, Antirassismus, eine mögliche Gemeinsamkeit, aus der heraus offensive Schritte möglich werden sollen. So warst du von den ersten Stunden seit deiner Ankunft in der Schweiz immer Teil der Solidarität des Revolutionären Aufbaus Schweiz, in sehr vielen Kampagnen, wie am 1. Mai oder gegen das WEF mit deinen Erklärungen oder Hungertreiks mit an vorderster Front. Schulter an Schulter: Du Drinnen, wir Draussen! Seit der ersten Stunde der Gründung der Roten Hilfe International warst du aktiver Teil des Konstituierungsprozesses ... präsent in den Debatten und nur dank deinem nächtelangen Malochen als Übersetzer konnte der Internationalismus so rasch und effizient aufgebaut werden. Ohne diese konkrete Zusammenarbeit wäre die Rote Hilfe International nicht so schnell in ihrer Entwicklung vorangekommen ...

Du warst hier in der ersten Zeit der Anarchist unter vielen KlassenkämpferInnen, KommunistInnen. Jahre danach, in der Solidaritätsarbeit mit Billy, Costa und Silvia *(vgl. S. 171 ff.; Anmerkung Autor)*, war ich dann die einzige Kommunistin unter vielen AnarchistInnen. Viele, viele Runden haben wir in all den Jahren während den Besuchen in den verschiedensten Knasthöfen zurückgelegt, diskutiert, analysiert und trotz ideologischer Unterschiedlichkeit, eben im Respekt der unterschiedlichen Kampffelder und -kulturen, eine aussergewöhnliche, selten hohe Einheit und Vertrautheit entwickelt.

Herzlichst, solidarische Umarmung, Andi»

---

## 9 — Jacques Vergès

*Bis sich Gut und Böse, Schuld und Schicksal auflösen*

Seite 156

---

Einst als Jugendsekretär der Kommunistischen Partei Frankreichs zuständig für den Antikolonialismus, hat Jacques Vergès die linken Befreiungsbewegungen Lateinamerikas unterstützt, war mit Che Guevara und Fidel Castro, mit Mao und Pol Pot befreundet und hat vor Gericht den Topterroristen Carlos, den SS-Schergen Klaus Barbie, Iraks Saddam Hussein, Serbiens Slobodan Milošević, aber auch algerische Unabhängigkeitskämpfer gegen die Kolonialmacht Frankreich verteidigt. Moral, Ethik, Humanität sind für Vergès Kategorien, die fürs Strafrecht nicht taugen, da sie weder universell noch absolut Gültigkeit hätten. «Was ist abscheulicher», fragt er, «eine Bombe in einem Café zu zünden oder vom Flugzeug aus ganze Städte auszuradieren?»

1970 verschwindet «Maitre» Vergès, ohne eine Spur zu hinterlassen, ohne seiner Familie ein Wort zu sagen, taucht er ab. Nachrufe erscheinen. Es heisst, er sei bei den Roten Khmer und bei Mao gewesen, um die Schlachtfelder der Kulturrevolution zu inspizieren. Oder vielleicht halte er sich auch in Algerien, in Kuba oder in Vietnam auf. Oder bei Guerillas in Lateinamerika. Die 70er-Jahre sind voller Verstecke für jemanden wie Jacques Vergès. Nach acht Jahren taucht er wieder auf, als wäre nichts geschehen, sonnenverbrannt, unergründlich – fest entschlossen, den Kampf gegen den Common Sense fortzuführen. «Die Rolle des Kotzbrockens», wie er sagt, «der den Gutmenschen und Grossinquisitoren entgegenschreit: Wofür haltet ihr euch?»

Kein Anwalt verteidigt das Böse leidenschaftlicher als Vergès und kein Anwalt versteht es so vortrefflich, die Arbeit des Strafverteidigers als Kunst darzustellen. «Advokaten», sagt er, «herrschen mit der Sprache nicht weniger als Literaten. Ein gutes Plädoyer fächert, wie ein Roman, wie ein Theaterspiel, eine Geschichte und einen Charakter auf. So lange, bis sich Gut und Böse, Schuld und Schicksal ineinander auflösen und nur noch eine Textur von Ursachen, Einflüssen, Zufällen übrig bleibt, angesichts derer jedes Urteil als Willkür erscheinen muss. Weil hinter dem Wust ein Mensch steht.» (...) «Allein gegenüber den Richtern zu stehen und einer Tat ihren Sinn zu geben, eine Geschichte zu erzählen, die besser ist als die der anderen – dass ist der Stoff eines Romans, einer Tragödie. Ohne ihren Prozess wäre Jeanne d'Arc als verrückte Schäferin vergessen worden. Durch ihre Verteidigung wurde sie zur Heiligen.» – Und auf dem Scheiterhaufen verbrannt. (Zitate aus DER SPIEGEL 36/2002)

---

## 10 — Bernard Rambert

*Der Beweis ist nicht erbracht, dass Camenisch der Täter ist*

Seite 162

---

Auszüge aus Bernard Ramberts Plädoyer im Geschworenenprozess Zürich:

«Sowohl der Wissenschaftliche Dienst der Stadt Zürich (WD) als auch die Gutachter aus Lausanne kommen zum Schluss, dass die von ihnen untersuchten drei Projektile aus dem ihnen zur Verfügung gestellten Revolver RENATO GAMBA abgefeuert wurden. Das steht also aus Sicht der Gutachter fest.

Ist damit der Beweis erbracht, dass mein Mandant Marco Camenisch der Täter von Brusio ist?

Um diese Frage beantworten zu können, stellen sich weitere Fragen:

1. Steht fest, dass die untersuchten Projektile diejenigen sind, die am Tatort in Brusio sichergestellt wurden? 2. Steht weiter fest, dass die den Gutachtern zur Verfügung gestellte Waffe – der Revolver RENATO GAMBA – Camenisch zugeordnet werden kann? Das heisst: Ist diese Waffe tatsächlich der Revolver RENATO GAMBA, der bei Camenisch resp. in einer ihm zugehörigen Tasche am 5. November 1991 in der Nähe von Massa Carrara sichergestellt wurde?

Was wissen wir? Was ist erstellt?

Am 5. Dezember 1989 überbrachte Herr Davatz, Chef des kriminaltechnischen Dienstes der KaPo Graubünden, drei Projektile und ein Projektilfragment persönlich nach Zürich. Das hat Davatz hier vor Gericht ausgesagt und er hat auch ausgeführt, dass es sich um die Projektile aus Brusio handle. Nicht geklärt ist, wer ihm diese wann gegeben hat. Wir wissen, dass in Brusio zwei Projektile in der Leiche von Kurt Moser steckten und ein drittes unterhalb seines Ellbogen lag. Die ersten beiden Projektile mussten also zuerst vom Gerichtsmediziner aus der Leiche geborgen werden. Es gibt keine schriftlichen Unterlagen, Berichte oder Rapporte, welche die Übergabe, die Lagerung etc. dieser Projektile festhalten. (...) Im Vorbericht steht, dass eine Identifizierung der Tatwaffe aufgrund der grossen Spurenarmut schwierig sein dürfte. Nach

Erstellen dieses Vorberichtes gelangten die Projektile wieder zu Herr Davatz nach Chur. Wann und wie, wissen wir nicht. Am 21. März 1990, also nicht einmal vier Monate nach dem tragischen Tod von Kurt Moser erstellte die *Polizia Scientifica* in Rom einen ballistischen Bericht. (...) Der römische Gutachter kommt zum Schluss, dass wegen der Dürftigkeit der charakteristischen Makro- und Mikroprofile es nicht möglich sei, Vergleichsprüfungen durchzuführen. (...) Die Gewichte der Projektile stimmen mit den vom WD Zürich angegebenen Gewichten überein, ebenso die Zugehörigkeit der Projektile zur Patrone Kaliber 38 Spezial/357 Magnum. Eine entscheidende Abweichung findet sich bei der Drallrichtung. Bei einem Projektil spricht der römische Gutachter von einem Linksdrall (wie Zürich). Beim anderen Projektil meint er, es liege wahrscheinlich ein Rechtsdrall vor, und bemerkt, es sei wegen der massiven Deformation des Projektils keine genaue Messung der Feldbreiten möglich, weshalb ebenso wenig möglich sei, die gebrauchte Waffe zu bestimmen. (...)

Angesichts dieser Ausgangslage drängt sich zwingend die Frage auf, ob Rom die gleichen Projektile untersuchte wie Zürich. Der Gutachter von Lausanne, Fréderic Schütz, hat hier als Zeuge auf entsprechende Frage ausgesagt, wissenschaftlich sei nicht erwiesen, dass die Projektile, welche Rom zur Verfügung hatte, identisch seien mit denjenigen, die in Zürich Dezember 1989 untersucht wurden.

Wem verdanken wir diese Unsicherheit? Herr Davatz, Chef des Kriminaltechnischen Dienstes der Kantonspolizei Chur, hat die Projektile am 5. Dezember 1989 nach Zürich zum WD gebracht. Davatz hat dann – wie er hier auf meine Frage hin als Zeuge aussagte – im Dezember 1989 Projektile nach Rom geschickt. Er hat diese, wie er sagte, per Post geschickt. Herr Davatz war nicht in der Lage, uns zu sagen, ob er den Projektilen einen Begleitbrief beigelegt hatte. Ein solcher existiert auf jeden Fall nicht. Auf meine Frage, ob er die Projektile einfach so, ohne Vorankündigung und ohne Begleitbrief der *Polizia Scientifica* in Rom geschickt habe, meinte er eher ausweichend, wohl kaum. Er gehe davon aus, dass er zuvor zumindest telefoniert hat (...).

Dieser ganze Ablauf ist, meine Damen und Herren – eine prozessuale Ungeheuerlichkeit sondergleichen. Was nutzen uns die teuersten und bestausgewiesenen ballistischen Gutachter der Welt, wenn nicht klar und erstellt ist, welche Projektile denn nun eigentlich untersucht werden. (...) Es ist nicht erstellt, wann die Projektile – ich nenne sie mal – ‹Rom-Projektile› wieder in die Schweiz zurückkamen. Es ist, und ich lege Wert auf diese Feststellung, nicht einmal erwiesen, ob sie überhaupt jemals zurückkamen. (...) Es ist nicht erstellt, ob die Waffe, die wir hier haben, die Waffe ist, welche bei Camenisch anlässlich seiner Verhaftung in Massa Carrara sichergestellt wurde.»

---

**11 — Michel Foucault**
***Die Unterdrückungsfunktion der Psychiatrie***
**Seite 174**

---

In einer Beschwerde schreibt Anwalt Rambert: «Als delegierte Stelle eignet sich die Psychiatrie hervorragend. Sie hat in jeder Gesellschaftsformation eine Unterdrückungsfunktion, was Michel Foucault u. a. in *Eine Geschichte des Wahns im Zeitalter der Vernunft* trefflich darlegt. (...)

Der Zürcher Strafvollzug kommt seit einiger Zeit ganz im Dienste dieser Repression daher, als handle es sich um eine ‹Materialprüfungsanstalt›», wie der Psychiater und Gerichtsgutachter Mario Gmür in der NZZ vom 24. November

2009 schreibt: «Die gerichtspsychiatrische Prognostik präsentiert sich als ballistische Wissenschaft, die die Rückfallwahrscheinlichkeit eines Delinquenten präzis voraussagen könne oder kann.»

---

## 12 — Bundesgericht

*Lockerungsschritte ernsthaft prüfen*

Seite 174

---

In seinem Urteil vom 3. Dezember 2014 schreibt das Bundesgericht in Abschnitt 4.7: «Der Beschwerdeführer (Camenisch) wird spätestens mit dem Ablauf der Strafe am 8. Mai 2018 aus dem Strafvollzug entlassen werden müssen. Im Vollzug sollen die Gefangenen befähigt werden, künftig straffrei zu leben. Dieses Vollzugsziel lässt sich grundsätzlich nur schwer verwirklichen, wenn dem Gefangenen während des Strafvollzugs keine Vollzugslockerungen zugestanden werden. Die Vorinstanz weist darauf hin, dass die Rückfallgefahr, würde der Beschwerdeführer im heutigen Zeitpunkt bedingt entlassen, höher zu werten wäre als bei einem schrittweisen Heranführen an die Freiheit. Das kann aber im Hinblick auf das nahende definitive Strafende nichts anderes bedeuten, als dass zur Sicherung des Vollzugsziels und zum Schutz der Allgemeinheit entsprechende Lockerungsschritte nunmehr ernsthaft zu prüfen sind.»

## Quellenverzeichnis


Markus Schütz — *Die Alp als Ort der Gegenkultur.* Diss. 2010, eingereicht bei Prof. Dr. W. Leimgruber, Uni Basel.

Heinz Nigg — *Die Achtziger – Porträt einer Bewegung.* Aus: *Wir wollen alles, und zwar subito. Die Achtziger Jugendunruhen in der Schweiz und ihre Folgen,* 2001.

Verena Clement-Bammert — *Graubünden – Wirtschaft, Sozialstruktur und politische Verhältnisse eines alpinen Kleinstaates.* Seminararbeit am Historischen Seminar Zürich, 1991.

*Churer Manifest.* Veröffentlicht von INFOLADEN KASAMA, Zürich 1981.

*Pleite im Umweltschutz – Das Märchen von der sauberen Schweiz.* LENOS, 1978

area dossier — *Die helvetische Version der totalen Sicherheit.* Aus der Gewerkschaftszeitung UNIA Tessin, Dez. 2013.

Reto Kohler — *Stürm – Das Gesicht des Ausbrecherkönigs.* ZYTGLOGGE, 2004.

Erwin Koch — *Puschlaver Bergpredigt.* DAS MAGAZIN Nr. 14, 1991.

*... dass Du kämpfen musst.* DAS KONZEPT Nr. 2, Februar 1981

Piero Tognoli — *Achtung Banditen! – Marco Camenisch e l'ecologismo radicale.* VERLAG NAUTILUS Turin, 2003 u. 2012.

*Camenisch: Mit dem Kopf durch die Wand.* SF Schweizer Fernsehen 2001. Buch: Silvio Huonder, Daniel von Aarburg. Produzent: Werner Schweizer.

*«Züri brännt»* Eine Produktion des VIDEOLADENS ZÜRICH 1980, DVD 2005.

Marco Camenisch — *Rassegnazione è complicità.* L'AFFRANCHI, 1993; *Résignation est Complicité.* DÉSÉQUILIBRÉ, 1994.


## Personenregister

Einige Informanten haben gebeten, anonym zu bleiben. Ihre Namen sind geändert, auch zum Schutz der Angehörigen.

### A



### B



### C

*Zum Autor:* **Kurt Brandenberger**, geboren 1948, aufgewachsen in Biel, war Redaktor und Reporter bei Tageszeitungen, beim Schweizer Fernsehen, bei DAS MAGAZIN, DIE WELTWOCHE und FACTS. Er ist Lehrbeauftragter an der Zürcher Hochschule für Angewandte Wissenschaften ZHAW und am Bildungszentrum für Erwachsene BIZE, wo er Reportage, Storytelling und Magazinjournalismus unterrichtet. Kurt Brandenberger lebt in Fällanden (ZH).

*Der Autor dankt:* Danken möchte ich Marco Camenisch, der durch seine engagierte Mitarbeit dieses Buch ermöglicht hat. Meinem Kollegen Klaus Vieli danke ich für die wertvollen Anregungen und die kritische Durchsicht des Manuskripts. Dank gebührt meinem Lektor Markus Schneider für die Hartnäckigkeit, mit der er das Manuskript bis ins Detail begleitet hat. Für hilfreiche Kommentare und Textkorrekturen danke ich Erika Jüsi, Jost Auf der Maur und Marc Thommen. Ganz besonderen Dank verdient Bernard Rambert, der mir die umfangreichen Akten über Marco Camenisch überlassen und seinen Mandanten zu diesem Buch ermutigt hat. Ein grosser Dank geht an meine Frau Claudia. Sie hat italienische Gerichtsakten, Polizeiprotokolle, Pressetexte und Briefe übersetzt und sich in Geduld geübt, wenn ich wieder mal tage- und nächtelang dem Lebensweg von Marco Camenisch gefolgt bin. Ich danke Wendelin Hess, Claudio Casutt, Matylda Walczak vom Echtzeit Verlag für die umsichtige verlegerische Betreuung und der Korrektorin Birgit Althaler. Auskünfte, Hinweise, Briefe, Tagebücher und Mithilfe verdanke ich: Andreas Bernoulli, Andrea Bianchi, Francesco Bonsaver, Benjamin Brandenberger, Lena und Barla Camenisch, Anja Conzett, Paul Dürr, Nicolas Graf, Silvio Huonder, Paul Jenni, Rebekka Kimmich, Eva und Judith Kopp, Margreet Kruit, Walter Lietha, Dirk Morath, Jan Morgenthaler, René G. Moser, Marcel Ruf, Andrea Stauffacher, Urs Suter, Piero Tognoli, Urs Tönz, Gian Trepp, Catrin Rohde, Kurt von Arb.

1. Auflage. 16. April 2015


ISBN 978-3-905800-92-0

Autor: Kurt Brandenberger
Lektorat: Markus Schneider
Korrektorat: Birgit Althaler
Gestaltung: Müller+Hess, Basel
Umschlagbild: Hans-Jörg Walter und KEYSTONE
Lithografie: red.department, Zürich
Druck: CPI – Ebner & Spiegel, Ulm

www.echtzeit.ch